하나님 섭리에 맡기는 삶

자기 포기: 하나님의 섭리에 맡기는 삶
Abandonment to Divine Providence
초판 발행: 2002년 10월 20일
제2판 발행: 2017년 7월 1일
지은이: 장 피에르 드 코사드
옮긴이: 엄성옥
발행처: 은성출판사
등록: 1974년 12월 9일 제9-66호
주소: 서울 강동구 성내로3길 16
전화: 070-8274-4404
팩스: 02-6007-1154
http://www.eunsungpub.co.kr
e-mail: esp4404@hotmail.com

출판 및 판매에 관한 모든 권한은 본 출판사가 소유하고 있습니다.
출판사의 사전 서면 허락 없이 번역, 재제작, 인용, 촬영 등을 할 수
없음을 알려드립니다.

Printed in Korea
ISBN 978-89-7236-431-3 33230

Abandonment to Divine Providence

By

Jean-Pierre de Caussade

Translated by

Eum Sung Ok

하나님 섭리에 맡기는 삶

장 피에르 드 코사드 지음
엄성옥 옮김

차례

서론 / 9

제1장 자기 몫의 일을 행하고
　　　　나머지는 하나님께 맡기십시오 / 33

제2장 지금 이 순간을 영원히 흐르는
　　　　거룩의 원천으로 여겨 받아들이십시오 / 59

제3장 하나님께 복종하는 것이
　　　　덕을 실천하는 것입니다 / 101

제4장 하나님께 복종하는 것이
　　　　영성의 핵심입니다 / 125

제5장 자기 포기 상태에 동반되는 시련 / 153

제6장 자신을 포기하여 하나님께 맡기면
　　　　만사가 형통할 것입니다 / 177

서론

16, 17세기 프랑스에는 영적 작가들이 많았다. 이 시대에 배출된 위대한 인물들이 유럽 문명의 활기찬 부분을 형성한다. 그런데 이 위대한 인물 중에 당시에는 대중의 인기를 얻지 못했지만, 오늘날 깊은 사랑을 받는 인물이 있다. 그가 장 피에르 드 코사드(Jean-Pierre de Caussade, 1675-1751)이다. 그에 대해서 알려진 것은 거의 없다. 그의 모습을 그린 그림이나 초상화도 남아 있지 않다.

우리는 그의 키가 컸는지 작았는지, 체격이 뚱뚱했는지 말랐는지도 알지 못한다. 대머리였는지, 눈동자가 푸른색이었는지 갈색이었는지, 음색이 고음이었는지 저음이었는지, 외모가 수려했는지 볼품이 없었는지도 알지 못한다. 그가 1675년 3월 6일에 탄생했다고 알려졌지만, 태어난 장소는 확실하지 않다. 아마 프랑스 남부의 케르시 주에서 태어났으며, 툴루즈 북부에 있는 카오르 마을에서 어린 시절을 보낸 듯하다. 그곳에는 유명한 대학이 있었는데, 페넬론이 20년 전에 이곳에서 수학했다. 1693년에 코사드는 툴루즈에서 예수회 수련 수사가 되었고, 1704년에는 사제로 임명되었고, 그로부터 4년 후에 종신 서원을 했다.

이 기간에 그는 한곳에 오래 머문 적이 없었다. 그는 오슈(Auch)와 올리악(Aulliac)에서 그리스어와 라틴어를 가르쳤고, 로데즈에서는 철학 교수로 재임했고, 후일 모리악과 알비에서도 동일한 직위를 유지했다. 이 도시들은 툴루즈에서 그리 멀지 않은 곳에 있었다. 그는 툴루즈 대학으로 돌아와 신학을 공부하여 박사 학위를 취득했다. 그 후 여러 도시에서 강의하다가 1720년에 교수 생활을 그만두었다. 그는 프랑스 남부와 중부의 여러 지역에 파견되어 설교자와 고해 신부로 활동했다.

그는 1729년에 프랑스 북부의 낭시에 도착하여 방문동정회 수녀들의 지도자가 되었는데, 이것은 영성사에서 하나의 중요한 사건이었다. 그는 그곳에 1년 정도 머물다가 툴루즈로 돌아갔고, 그 후에 알비로 갔다. 1733년 말에 그는 낭시로 돌아가서 약 6년 동안 머물렀다. 그 후 페르피낭에 있는 예수회 대학의 학장과 알비에 있는 대학의 학장을 역임했다. 그는 생의 마지막 5년 동안은 툴루즈에 있는 예수회 대학에서 신학생들을 지도하다가 1751년에 76세로 세상을 떠났다.

그에 대해서 알려진 사실들은 대부분 그가 낭시의 수녀들에게 보낸 편지에 기록되어 있다. 그는 편지에서 영적인 일에 대한 관심을 나타내고 있다. 그 편지들은 문학적인 것이 아니다. 그중 한두 문단을 보면 그는 안락한 생활을 하지 않았고 사교계와는 거리가 멀었다. 예를 들어 낭시를 떠나 페르피낭에 부임한 그는 낭시에 있는 마리 테레사 수녀에게 다음과 같이 편지했다:

> "페르피낭에 도착한 후 산더미같이 많은 이해할 수 없는 일들과 씨름해야 했습니다. 주교, 총독, 왕실의 관리, 군인, 국회의원 등 많은 사람을 만나고 그들의 분쟁을 해결해야 했습니다. 내가 세상의 유명 인사들의 방문을 비롯하여 형식적인 방문을 얼마나 싫어하는지 당신은 아실 겁니다. 그러나 아직은 이런 일들 때문에 괴로워하지는 않습니다. 나는 하나님을 신뢰하면서 이 모든 어려움을 극복하고 일어서며, 엄청나게 많은 복잡한 일들에 압도될 것이라고 예상되는 때에도 평안을 유지하고 있습니다."

얼마 후에 그는 이 수녀에게 또 편지를 썼다:

"처음에는 침묵과 독거를 사랑하는 나의 태도와 일치하지 않는 업무상의 난처한 일들 때문에 매우 어려움을 겪었습니다. 그러나 하나님께서 은혜로 나를 도와주시고 이러한 일에 연루되지 않게 해 주셨습니다. 나의 영은 자유롭습니다. 나는 의무적으로, 또는 필요한 경우에만 방문하거나 방문을 받기 때문에, 방문객들 때문에 피해를 보지 않습니다. 나의 기분을 알고 있는 동료 수사들은 가능한 한 신속하게 자기가 맡은 일을 마칩니다. 그들은 내가 사람들과의 교제를 피하는 이유가 교만이나 인간 불신 때문이 아니라는 것을 충분히 알고 있으며, 그러므로 아무도 나의 행동에 반대하지 않으며, 심지어 어떤 이들은 나의 행동에서 교훈을 받는 것 같습니다."

그는 마리 앙투아네트 수녀에게 다음과 같이 편지를 썼다:

"나는 지금 기후가 좋고 인심도 좋은 알비에 돌아와 있습니다. 이곳 주민들에게는 흠이 하나밖에 없습니다. 즉 나는 혼자서 고독하게 지내는 것을 좋아하는데 그들은 너무 친근한 것이 그들의 흠입니다. 나는 앞으로 초대를 많이 받게 될 것이고, 그들은 실제로 나에게 방해가 될 것입니다. 하나님께서는 내가 항상 사랑해 온 시골의 아름다움에 지나치게 탐닉하는 것을 멈추게 하려고 나에게 여러 가지를 보내 주실 것입니다."

그러나 알비는 코사드에게 아름다운 풍경 외에도 여러 가지 즐거움을 제공해 주었다. 그는 방문동정회의 어느 수녀에게 다음과 같이 편지했다:

"나는 당신이 상상할 수 없을 정도로 무한히 큰 만족을 주는 것을 발견했습니다. 이곳 알비에는 세상으로부터 완전히 분리된 생활을 하는 가난한 클라라 수녀원이 있습니다. 수녀들은 지참금을 갖지 않은 채 수녀원에 들어가서 완전히 구제에 의지하여 생활합니다. 그 수녀원의 원장은 내가 지금까지 만나본 중에서 가장 거룩한 분입니다. …이 거룩한 수녀들 가운데는 쾌활함과 거룩한 기쁨이 있습니다. …그것이 나에게 은혜와 위로가 되며, 나 자신의 만족을 위한 본보기가 됩니다."

이상이 코사드에 대해 수집할 수 있는 모든 정보이다. 추가하자면 그는 익명으로 *Spiritual Instructions in the form of Dialogues concerning different Methods of Prayer according to the teaching of M, Bousuet, Bishop of Meaux, by a Father of the Company of Jesus*라는 제목의 책을 출판했다. 이 책은 결코 뛰어난 책이 아니다. 만일 그가 죽은 지 210년 뒤에 출판된 그의 두 번째 저서『하나님의 섭리에 순종하는 삶, 자기 포기』 (*Abandonment to Divine Providence*)가 없었다면, 이 책은 오래전에 잊

했을 것이다. 이상한 이야기이지만, 그는 자신이 이 두 번째 책을 저술했었다는 사실을 알지 못했다. 그는 낭시에서 지내는 동안 그 지역 동정방문회 수녀들의 영적 지도자로 활동하면서 그들에게 자주 편지를 쓰고 회의를 했었는데, 그들이 이 편지와 회의 기록을 보존했다.

그들 중에는 다음과 같은 18세기 프랑스의 탁월한 인물들이 포함되어 있다: 샤를롯-엘리사벳 부쉬에 드 몽튀뢰(Charlotte-Elisabeth Boucier de Monthureux), 마리-앙뚜아넷 드 마위에드 립쿠드(Marie-Antoinette de Mahuet de Luptcourt), 안나 말가리타 부데 드 라 벨리에르(Anne-martuerite Bouder de la Belliere). 또 육군 원수의 딸인 마리 안나 테레사 드 로산(Marie-Anne Terese de Rosen)과 루이스 프랑소아 드 로산(Louise-Francoise de Rosen) 자매도 포함되어 있다. 루이스-프랑소아(Louise-Francoise)는 네 번이나 그 수녀원의 원장으로 선출되었으며, 이들 자매는 코사드의 글 전체를 보존하는 일에 특별한 관심을 기울였다. 그 외에 이 자매의 조카로서 역시 여러 번 수녀원장으로 활동한 마리 안나-소피아 드 로템부르(Marie-Anne-Sophie de Rottembourg)도 코사드와 교류가 있었다. 코사드가 처음 낭시에 갔을 때 그녀는 수련 수녀를 가르치는 교사였다. 코사드가 그녀에게 보낸 편지가 『하나님의 섭리에 맡기는 삶; 자기 포기』의 처음 두 항목과 세 번째 항목의 일부를 차지

한다.

지난 세기에 코사드가 수녀들과 수녀원장들에게 보낸 편지 중 일부, 그리고 그가 피정 중에 그들과 나눈 담화에서 취한 메모들이 프랑스의 앙리 라미에르(Henri Ramiere) 신부에게 전해졌고, 그가 이것을 작은 책으로 편집하여 1861년에 출판했다. 그 책은 많은 독자에게 읽혔고 개정판들이 출판되었다. 라미에르는 개정판에 계속 새운 자료를 추가했는데, 결국 현재와 같은 형태의 책이 등장했다. 개정판들은 지금도 계속 출판되고 있으며, 여러 나라의 언어로 번역되었다.

영성생활의 대가이며 한때 다운사이드에 있는 베네딕트 수도원 원장으로 활동한 존 채프만은 40여 년 전에 "지난 수십 년 동안 예수회의 장 피에르 드 코사드 신부만큼 나에게 유익을 준 저술가를 발견하지 못했다"라고 고백했다. 코사드는 지난 수 세기 동안 활동한 가장 중요한 열 명의 영적 지도자들 중 한 사람이요, 또 그의 저서가 주는 메시지는 십자가의 요한의 『영적 아가』(Spiritual Canticles)나 제노아의 성녀 캐더린의 『대화』에 비교할 수 있다고 한다.

『하나님의 섭리에 맡기는 삶; 자기 포기』는 다른 위대한 책들처럼 열정적인 책이다. 그것은 순수하게 지적인 열정이거나 성적인 것이거나, 또는 인간들의 무한한 복합성에 대한 큰 관심과 기쁨일 수도 있다. 이 열정이 억제되고 감추어진 것이거나, 거칠고 공개적인 것일 수도 있지만, 어쨌든 그의 책에는 열정이 있다. 코사드의 열정은 이성적인 동시에 감정적인 것이었다. 그것은 하나님에 대한 경모였다. 코사드에 대해 연구하면 할수록, 그가 하나님을 사랑하지 않고 생활한 때가 한순간이라도 있었는지 상상하기 어려워진다.

물론 그는 바삐 생활했다. 그는 대단히 활동적인 사제였고, 마지못해서였지만 세상에 깊이 관여하였다. 그는 세상사를 멀리하면서도 그것을 활용하는 데 성공하였다. 그는 어느 편지에서 "모든 것이 나에게 도움이 됩니다"라고 말한다. 이것이 그의 주요 원리이다. 하나님께서 모든 것을 주시고 다스리시며, 비록 골치 아픈 일이라도 우리가 기꺼이 받아들인다면 그것은 분명하고 신속하게 우리를 거룩함으로 인도해 줄 것이다.

『하나님의 섭리에 맡기는 삶; 자기 포기』는 간단한 책이다. 그런데 종종 간단한 책이 큰 능력을 지닌다. 그러한 예를 몇 권 들자면, 토마스 아 켐피스의 『그리스도를 본받아』, 『공산당 선언』(Communist Manifesto)과 페인(Paine)의 『인간의 권리』(Rights of Man), 루소의 『사회 계약』(Social Contract), 성녀 테레사의 『영혼의 이야기』(The Story of a Soul), 그리고 복음서가 있다. 여기에는 대단히 인간적인 이유가 있다.

대부분 사람은 장황하고 긴 논문을 애써 읽으려 하지 않으며 그럴 시간도 가지고 있지 않다. 그들은 몇 페이지에 담겨 주어지는 메시지를 원한다. 이것은 결코 새로운 현상이 아니다. 소책자들이 여러 권으로 이루어진 책만큼 많은 즐거움을 주지는 못하겠지만, 훨씬 더 큰 영향력을 미쳐왔다고 주장할 수 있을 것이다. 독자들만 간단하고 짧은 책의 영향을 받는 것이 아니라, 작가들도 영향을 받는다. 의식적이든지 아니든지, 자기의 사상을 수천 페이지가 아닌 백여 페이지 안에 농축하여 표현하려면 예리하고 긴박하게 표현해야 할 것이다.

코사드는 예수회 수사였으며 그 공동체 내에서 여러 가지 중요한 지위를 맡았지만, 그의 가르침은 이그나티우스의 영성보다는 살레지오회나 갈멜회의 영성의 영향을 더 많이 받은 것이다. 물론 그는 프랑수아 드 살의 영향을 받지 않을 수 없었을 것이다. 왜냐하면, 프랑수아 쟌느 드 샨달(St jane de Chantal)은 1610년에 방문 수도회를 설립했고, 코사드는 몇 년 동안 방문 수도회 수녀들의 영적 지도자로서 활동했기 때문이다. 어쨌든 프랑수아는 코사드가 태어나기 20년 전에 시성(施聖) 되었고, 그의 대표작인 『경건생활 입문』(Introduction to the devout Life)과 『하나님의 사랑에 관한 논문』(Treatise on the Love of God)이 여러 번 재판되었으므로, 코사드는 그 책들을 읽고 자신의 영적 견해와 프랑수아의 견해가 얼마나 흡사한지 깨닫지 않을 수 없었을 것이다.

프랑수아가 "무관심"(indifference)이라는 단어를 사용한 곳에서 코사드는 "포기"(abandonment)라는 표현을 사용하는데, 그것은 어휘상의 문제에 불과하다. 프랑수아는 "아무것도 요청하지 말고, 아무것도 거부하지 말라"라고 말하며, "무관심한 마음은 하나님의 손안에 있는 밀랍 덩어리 같아서 쉽게 그분 의지의 영향을 받아들인다"라고 말한다. 하나님의 뜻이라면 공로를 얻기 위한 행위를 중지하고 하나님이 명하신다면 도중에 다시 가치 있는 목표를 향해 방향을 돌리는 것이야말로 우리가 진실로 완전하게 무관심하다는 확실한 표식이라고 묘사한다.

프랑수아가 사용한 또 하나의 단어는 "초연"(detached)이다: "초연한 영혼은 묵상이나 이웃을 돌봄으로써 하나님을 섬길 때 염려하지 않는다. 중요한 것은 그 순간에 하나님께서 영혼에 원하시는 행동이 무엇인가이다." 코사드는 이것을 확대하여 "이 순간의 의무"(the duty of the present moment)라는 교리로 만들었는데, 이것이 그의 영성의 중요한 부분이다.

갈멜 수도회의 위대한 신비가요 교회의 박사인 십자가의 요한도 코사드에게 심오한 영향을 주었음이 분명하다. 십자가의 요한은 코사드가 처음 낭시에 가서 동정방문회의 지도자가 되기 삼 년 전에 시성되었다. 머지않아 거룩한 인물로서 교회의 인정을 받게 될 사람의 저서와 글에 대한 관심은 크게 달아오르기 마련이다.

코사드는 동정방문회 수녀들에게 보낸 편지에서 한 번만 십자가의 요한을 언급하지만, 그가 다른 사람의 글을 그다지 인용하지 않는다는 사실을 고려한다면, 이것은 그리 특별한 일이 아니다. 심지어 그는 성경도 아주 제한적으로만 인용했다. 그러나 그는 자주 십자가의 요한의 사상을 반영한다. 십자가의 요한은 영혼이 전적인 믿음의 어둠에 둘러싸여 있으면서 그 어둠 속에서 빛과 확실한 안내자를 발견하는 눈먼 사람과 같아야 한다고 선언한다. 코사드는 거듭 다음과 같이 주장한다:

> "믿음의 어둠만큼 안전한 것이 없고 우리를 길에서 벗어나지 않게 해 주는 것은 없다. …그 어둠은 우리의 안내자 역할을 한다."

한편 십자가의 요한은 이렇게 선언한다:

> "현세에서 하나님과의 연합은 지성, 상상력, 또는 감각을 통해서 성취되는 것이 아니라 믿음과 소망과 사랑에 의해서 성취된다."

그러면 코사드는 무엇이라고 말하는가?

> "자기 포기(self-abandonment)의 상태란 우리를 하나님 및 하나님의 모든 행동과 연합해 주는 하나의 행동 안에 믿음과 소망과 사랑을 혼합하는 것이다."

십자가의 요한과 코사드를 연결하는 것과 관련된 참고 구절들이 많다. 그러나 이 갈멜회의 십자가의 성 요한이 예수회 사제인 코사드에게 미친 영향보다는 코사드가 위대한 갈멜회의 성녀 아기 예수의 테레사(Teresa de Jesus)에게 미친 영향이 더욱 흥미롭다. 성 테레사는 1873년에 태어났다. 코사드의 책은 1861년에 처음 출판되었고, 이어 여러 번 재판되었다. 지금 내가 기록하는 것은 순수한 가정이지만 진리가 담겨 있을 수 있다. 성녀 테레사는 경건한 가정에서 태어났고 많은 영적 서적을 읽었다. 코사드의 책도 그 서적 중에 포함되어 있었을 것이다. 테레사의 아버지 마르탱(M. Martin)이 리지외의 뷔소네(Les Buissonets)에 있는 저택의 이층 서재에서 그 책을 읽지 않았다고 해도, 이 책의 교리는 거룩함을 간절히 구하는 이 가정의 신자들을 시원하게 해 주고 원기를 회복시켜 주었을 것이다.

코사드에 대한 현대의 권위자인 올프-갈리아 신부(Olphe-Galliard)는 지난 세기말에 코사드가 신학자들에게 심오한 영향을 주었음을 확실히 했다. 테레사가 설교와 고해 신부들을 통해서 자기 포기에 대해 들었을 것으로 생각된다. 그녀는 14세 때에 그녀의 영적 지도자가 되었으며 여러 해 동안 마르탱 가정의 친구요 고해 신부로 활동해 온 예수회 사제 알미르 피숑(Almire Pichon) 신부와 10년 동안 긴밀하게 접촉했다는 점을 기억해야 한다. 후일 그는 캐나다로 갔지만, 테레사는 서신으로서 계속 그와 교제했다. 그녀는 죽기 몇 달 전에 그에게 보낸 마지막 편지에 "내 영혼이 그 안에 있었습니다"라고 썼다. 그러나 이상하게도 피숑 신부는 그녀가 보낸 편지들을 모두 없앴다. 어쨌든 이 신부는 코사드에 대해 모르지 않았으며, 18세기에 활동한 코사드에 대한 그의 지식이 테레사에게 전달되었을 것으로 생각된다. 이제 가정이나 상상을 끝내고 확실한 증거를 살펴보자.

성녀 테레사는 우리의 행위의 탁월함이나 위대함이 중요한 것이 아니라고 주장했다. 하나님의 뜻에 순종하며 그분을 향한 사랑으로 행한다면, 우리가 행하는 아주 작고 하찮은 일이 매우 중요한 것이 된다. 하나님은 우리가 행하는 모든 것을 우리를 감화하는 사랑에 따라 판단하신다. 테레사는 우리가 모두 그러한 사랑을 소유할 수 있으므로 그러한 행동을 할 수 있다고 선언한다. 한편 200여 년 전에 코사드는 다음과 같이 말했다:

"거룩함의 경지에 이르려면 우리가 하찮고 무가치하게 여기는 모든 것이 우리를 거룩하게 해 줄 수 있음을 깨달아야 합니다. …삶을 자세히 살펴보면 무수히 많은 하찮은 행동들로 이루어져 있음을 발견할 것입니다. 그러나 온전함을 이루려면 마땅히 그러한 일들을 행해야 하므로 하나님을 그러한 일들에 매우 만족하십니다."

성녀 테레사는 어느 평신도 자매에게 "당신의 삶은 비천하고 감추어진 삶입니다. 그러나 하나님이 보시기에 작은 것은 없다는 것을 기억하고 모든 일을 사랑으로 행하십시오"라고 말했다.

그녀는 임종할 때 "죽은 뒤에 그녀를 의지하는 영혼들에 무엇을 가르치겠느냐"라는 질문에 대해 "영적인 어린아이의 길, 신뢰와 완전한 포기의 길에 들어서라고 촉구하겠다"라고 대답했다. 그녀는 전기의 마지막 장에서 예수께서 자기에게 맡기신 비밀을 말하겠다면서 이렇게 말한다:

"예수님은 결코 자신을 나타내지 않으시며, 또 내가 그분의 음성을 듣게 하지도 않으십니다. 그분은 은밀하게 나를 가르치시며, 그분의 사랑의 거룩한 용광로에 이르는 유일한 길을 보여주셨습니다. 그것은 아버지의 팔에 안겨 두려움 없이 잠자고 있는 어린아이처럼 완전히 맡기는 것입니다. …예수님은 위대한 행동을 요구하시지 않습니다. 그분이 원하는 것은 자기 포기와 감사뿐입니다. …예수님, 모든 영혼에 당신의 측량할 수 없는 겸손에 대해 말해 줄 수 있으면 얼마나 좋을까요! 만일 예수께서 내 영혼보다 더 연약한 영혼을 발견하신다면, 주님의 무한한 자비를 신뢰하여 주님께 자신을 맡기는 영혼에 한층 더 큰 은총을 쌓아 주실 것으로 생각됩니다."

코사드가 "지금 이 순간의 성례"를 강조한 것을 고찰해보면서 다음과 같은 성녀 테레사의 말을 생각할 수 있다:

"만일 내가 순간순간을 단순하게 살지 않는다면, 인내를 유지할 수 없을 것입니다. 나는 과거를 잊고 장래에 대해 생각하지 않고 현재만을 바라볼 수 있습니다. 우리는 과거와 미래에 대해 너무 깊이 생각하기 때문에 낙심하고 절망합니다. 고요히 예수님의 마음을 의지하지 않고 불안해하면서 시간을 보내는 것은 매우 어리석은 일입니다."

성녀 테레사의 목적은 사람들이 조금도 남기는 것이 없이 하나님의 뜻에 완전히 자신을 맡김으로써 거룩해질 수 있다는 것, 그리고 하나님께서 요구하시는 것은 우리의 사랑뿐이라는 것을 확신하게 하는 데 있었다. 그녀가 좋아한 성인은 성 세실리아였

다:

> "특히 나를 기쁘게 한 것은 그녀가 하나님께 완전히 자신을 맡긴 것, 그리고 하나님을 끝없이 신뢰한 것이었다."

성녀 테레사의 가르침서 핵심은 자기 포기와 신뢰였다.

이제 다시 코사드에 대해 살펴보자. 코사드가 자기 포기의 중요성을 강조한 것은 결코 새로운 일이 아니었다. 코사드는 기독교인이었으며 항상 예수님의 말씀을 염두에 두었다. "네 마음을 다하고 목숨을 다하고 뜻을 다하여 주 너의 하나님을 사랑하라." 수 세기 후에 토마스 아퀴나스의 스승인 대 앨버트(Albert the Great)는 신자들에게 "여러분 존재의 모든 부분, 삶의 지극히 작은 부분까지 모두를 다함이 없고 확실한 하나님의 섭리에 맡기십시오"라고 말했다. 거의 모든 성인의 저술과 설교에서 비슷한 권면을 발견할 수 있다. 그러므로 이 문제에 있어서 코사드는 결코 새로운 영적 교리를 전파한 것이 아니었다.

그가 태어나던 해인 1675년에 미구엘 데 몰리노스(Miguel de Molinos)라는 스페인 사제가 저술한 『영적 지침서』(The Spiritual Guide)가 로마에서 출판되었다. 교황 이노센트 11세는 몰리노스를 후원하고 바티칸에 거처를 제공해 주었다. 다섯 명의 고위

성직자들이 그 책의 머리말을 써 주었는데, 그중 한 사람은 예수회 소속이었고 네 명은 종교 재판관이었다. 5년 동안 그 책은 4개국의 언어로 20판이 인쇄되었다. 그 책의 가르침이 이탈리아를 휩쓸었고, 수많은 사람이 그것을 자신의 영성 기초로 삼았다.

몰리노스의 가르침을 간단히 표현하자면, 신앙생활에는 두 종류가 있다는 것이었다. 하나는 표면적인 것인데 그 생활을 따르는 사람들은 이성과 상상을 통해서, 그리고 금욕과 감각의 억제로 하나님을 구한다. 그들은 하나님을 목자, 의원, 아버지, 또는 주인 등으로 가시화하려고 노력한다.

> "그들은 끊임없이 하나님에 대해 말하기를 즐기며, 종종 열렬한 사랑의 행동을 한다. 그들은 이 방법에 의해서 위대하게 되기를 바란다. 이것은 표면적이요 초보자들의 방법으로서 선한 것이지만 완전에는 이르지 못한다."

그러나 내적인 생활을 하는 사람들, "영혼의 내면에 들어가 심상이나 형태나 모양이 없이 평온함과 내적 안식에 기초를 둔 큰 확신을 품고 순수한 믿음으로 자신을 완전히 하나님의 손에 맡기고 고양된 영과 함께 주님의 현존 안에 들어간 사람들"이 있다. 몰리노스는 이 내면의 영성생활에 대해서 상세히 다룬다.

그의 책은 매우 감동적인 책이다. 그러나 그 책 때문에 몰리노스는 평생 감옥에서 지내야 했다.

인간은 종종 지나치게 인간적이기 때문에 몰리노스의 글을 읽은 많은 사람은 그가 가르친 것을 쉬운 구원의 길로 여겼다. 그들은 관상이 하나님과의 연합이 되는 상태에 이르려면 대단히 힘들고 오랜 여정이 필요하다는 것을 깨닫지 못한 채 누구나 관상을 실천할 수 있다고 생각했다. 이렇게 잘못 생각한 영혼들은 자신이 관상이라고 생각하는 것을 실천함으로써 일상적인 종교적 수행 및 기독교인에게 요구되는 사랑의 의무에서 면제될 수 있다는 견해를 취했다. 그들은 스스로 매우 신령하다고 생각했기 때문에 신앙에 도움을 주는 가시적인 보조물들—묵주, 조각상, 성화, 성유물—을 모두 멀리했다. 또 유혹 및 대부분의 인간적 활동이 상대적으로 중요하지 않다는 것에 대한 그의 가르침이 왜곡되어 영혼과 사회 질서에 위험한 것으로 여겨졌다.

실제로 몰리노스의 잘못은 두 가지 점에 있었다. 그는 내면적인 영성생활을 영위하는 사람은 성찬을 받기 전의 준비로서 죄 고백(고해성사)을 할 필요가 없다고 선언했다. 이는 "그들의 삶 자체가 지속적이고 완전한 준비이기 때문이었다." 몰리노스는 12년 동안 죄 고백을 하지 않고 지냈다. 가톨릭 신자의 입장에서 보면 이것은 그릇된 교리요 그릇된 행위였다.

그의 두 번째 잘못은 묵상이 영적 초심자들을 위한 것이며, 가장 높은 차원의 기독교적 삶을 영위하려 하는 사람은 묵상을 무시하고 관상을 추구해야 한다고 가르친 것이었다. 두 가지 방법 모두 선한 것이지만, 경험에 비추어 보면 하나님을 찾는 영혼들은 하나님께서 그들에게 가장 적합하다고 여기시는 방법을 지향하도록 자극을 받는다. 관상이 묵상보다 효과적이라고 선언한 몰리노스의 주장은 이단적이라고는 할 수 없지만 당시의 가치관으로 보아서 주제넘은 것이었다.

그는 지성적인 대중, 신비주의의 표현에 대해 대단히 식견이 있는 사람들을 위해 저술했다. 그러나 "묵상"과 "관상"이라는 단어들과 전혀 무관하면서도 하나님을 발견한 많은 영혼이 있었음을 기억해야 한다. 하나님께 이르는 길은 무한하다.

몰리노스는 예수회로부터 공격을 받았다. 그것은 교회사에서 무척 더러운 이야기요 대단히 복잡하고 부끄러운 사건이다. 몰리노스는 1685년에 로마에서 종교재판소의 명령에 따라 감옥에 갇혔다. 그는 2년 동안 감옥에서 지냈는데, 그동안 종교재판소는 그의 책과 설교들, 그리고 그의 추종자들—그들 중 200명이 1687년 초에 감옥에 갇혔다—의 활동을 철저히 조사했다. 그해 여름에 종교재판소는 몰리노스가 이단적인 교리를 가르치고 실천했다고 판결하고, 그와 추종자들의 저서에서 끌어낸 "이단적이고, 하나님을 모독하며, 경건한 신자들의 귀에 거슬리며, 오만하고 기독교 윤리를 파괴하는 위험한" 68개의 주장을 열거했다.

몰리노스는 대중 앞에서 무릎을 꿇고 자신이 주장한 이단을 공공연하게 포기하는 의식을 행하고 나서 어느 도미니크 수도원에서 종신토록 갇혀 지내야 한다는 선고를 받았다. 그는 죄수로 지내다가 1697년에 세상을 떠났다.

몰리노스의 죄목으로 선고된 이단은 정적주의였으며, 코사드도 그 교리에 너무 가깝게 접근한다는 비난을 받았다. 『하나님의 섭리에 맡기는 삶; 자기 포기』는 그의 사후에 출판되었지만, 그는 생전에 그 책의 내용을 설교했고, 책에 기록된 것과 같은 메시지를 담고 있는 많은 편지를 썼다. 그는 정적주의의 원수인 예수회 회원이었고, 로마에서 몰리노스의 정죄를 확보하기 위해서 외교적 압력을 행사한 루이 14세의 신하였다.

코사드는 정적주의가 서적, 영적 지도, 구송 기도 등을 이용하는 것, 그리고 감각을 사용하는 것을 정죄하는 것이 매우 잘못된 것이라고 말함으로써 용의주도하게 정적주의와 거리를 두었다. 하나님은 어떤 사람들이 하나님을 향하는 데 도움을 받기 위해서 이러한 수단들을 쓰게 하신다는 그의 지적은 옳은 것이다.

　몰리노스의 글을 읽고 나서 코사드의 글을 읽어 보면, 두 사람의 사상이 흡사한 데 놀랄 것이다. 그러나 코사드는 정적주의를 인정하지 않는 독창적이고 지배적인 개념을 가지고 있었다.

　그것은 "지금 이 순간의 성례"라는 개념이다. 다른 많은 개념이 그렇듯이, 쉽게 간단히 그 개념을 알 수 있다: 우리는 단조로운 삶, 행해야 할 일, 그리고 여러 가지 하찮은 결정들과 해야 할 일이 가득한 일상을 지닌 대단히 평범한 피조물이다. 우리의 삶은 사소한 일들의 흐름으로 이루어져 있다. 즐거운 일도 있고 지루한 일도 있고, 불쾌하거나 비극적인 일도 많다. 우리는 과장해서는 안 된다. 삶에는 많은 즐거움이 있다. 그러나 짜증 나고 지루한 일도 많다.

　코사드는 인생에서의 모든 일을 하나님의 뜻의 표현으로 여겨 맞아들여야 한다고 말한다. 그러므로 우리는 "피할 수 없는 것을 받아들이며, 지루함과 불쾌함을 일으킬 수 있는 일들을 사랑과 체념으로 인내해야 한다. 이것이 거룩하다는 것의 의미이다." 그리고 "대부분 사람의 경우에 완전함을 성취하는 최상의 방법은 하나님이 원하시는 것에 복종하는 것을 특별한 생활 방법으로 삼는 것이다." 코사드는 "하나님은 매 순간 발생하는 일들을 통해서 개개인에게 말씀하신다"라고 말한다.

그는 계속해서 이렇게 말한다:

"각 순간에 발생하는 사건에는 하나님의 뜻이 새겨져 있다. … 우리는 지금 이 순간에 필요한 모든 것을 발견한다."

또 다음과 같은 말도 한다:

"우리는 주위에서 일어나는 작은 일에 싫증을 느낀다. 그러나 우리가 이 하찮은 일들을 무시하지 않는다면, 이 일들이 우리를 위해 놀라운 일을 행할 것이다."

코사드의 글에서 핵심이 되는 것은 "만일 우리 자신을 하나님께 맡겼다면, 우리를 위한 척도는 이 순간의 의무뿐이다"이다.

그는 우리가 현재에, 즉 순간순간을 살아야 한다고 거듭 강조한다. 과거는 지나갔고, 미래는 아직 오지 않았다. 우리는 과거나 미래에 대해서 아무것도 할 수 없지만, 순간순간 발생하는 일에 대해서는 대처할 수 있다. 하나님이 원하시지 않는 일은 절대 발생하지 않는다는 것, 그리고 우리의 가장 중요한 의무는 그 뜻과 협력하는 것임을 깨달아야 한다. 순간순간 행하는 모든 행동과 모든 생각이 중요하다. 코사드의 말은 우리가 손쉬운 결정을 하기 전에 하나님께 나아가야 한다는 뜻이 아니다.

그것은 어리석은 일이요 불가능한 일일 것이다. 그의 말은 우리가 매 순간 미결인 채로 남아 있는 모든 것을 완전히 알며 가능한 한 하나님이 원하시는 방식으로 반응하기 위해서는 우리 자신을 하나님께 완전히 맡겨야 한다는 의미이다.

코사드는 강력한 실재성과 심오한 신비주의를 결합하는데, 이것은 결코 특별한 일이 아니다. 참 신비가들은 일반인들보다 훨씬 더 실재적이다. 그들은 실체를 추구하지만, 우리는 덧없는 것을 추구한다. 그들은 있는 그대로의 하나님을 원하지만 우리는 자신이 상상하는 대로의 하나님을 원한다.

코사드는 매우 단순한 사람이었다. 그는 하나님을 사랑하며 자신을 하나님께 완전히 복종해야 할 필요성이라는 하나의 생각에 매달렸다. 하나님을 사랑하는 사람은 잘못된 길을 걸을 수 없을 것이다. 코사드의 독창적인 것은 우리가 특별한 일을 행할 필요가 없고, 특이한 헌신을 나타낼 필요가 없고, 특별하게 행동할 필요가 없다고 말한 점이다. 우리는 끊임없이 기독교인의 의무를 행하기만 하면 된다. 어떤 일도 지나치게 무가치한 것으로 여겨서는 안 된다. 지극히 하찮은 사건도 하나님이 원하시는 것으로 간주하여 그에 합당하게 대처해야 한다.

이처럼 외관상 하찮은 일에 관심을 기울이는 태도가 세상에 사는 동안 우리를 하나님께 가까이 인도해 줄 것이며, 우리 앞에 놓인 영원한 세상에서 완전한 연합을 누리게 해 줄 것이다.

코사드의 글을 처음 읽을 때는 단번에 그가 의도하는 전반적인 사상을 파악해야 하며, 그 후에 여러 번 천천히 세밀하게 읽는 것이 좋을 듯하다. 그렇게 함으로써 독자는 자신이 영성의 걸작, 하나님과 독자 자신을 위한 사랑과 열정이 가득한 책을 다루고 있다는 것을 깨달을 것이다. 코사드는 우리를 깊이 배려한다. 그는 자신에게 관심을 둔 것이 아니라 우리의 영원한 행복에 큰 관심을 두었다. 이러한 관심이 그의 글에 배어 있다. 그는 하나님을 경모하고 우리를 사랑한다. 그는 자신의 평안과 기쁨을 우리에게 나누어 주기를 원한다. 우리가 그에게 관심을 기울인다면, 우리도 그의 평안과 기쁨을 나누어 받을 것이다.

제1장

자기 몫의 일을 행하고 나머지는 하나님께 맡기십시오.

~ 1 ~

구약 시대의 성도들, 그리고 요셉과 동정녀 마리아
의 거룩함은 하나님의 뜻에 대한 절대적인 순종을
통해 얻은 것이었습니다.

영적 지도자도 없고 영성의 체계도 없던 시대에 우리 조상들에게 말씀하셨던 하나님은 오늘날도 우리에게 말씀하십니다. 과거에 하나님의 계획에 충실하다는 것은 한 사람의 영성생활 전체를 포함했습니다. 신앙은 교훈들과 상세한 가르침들이 가득한 학문이 아니었습니다. 오늘날 우리는 특별한 욕구 때문에 이러한 학문을 필요로 하지만, 옛사람들은 그리 복잡하지 않고 솔직했습니다.

옛사람들은 매 순간이 충실하게 실행되어야 하는 의무를 가져온다는 것만 알았습니다. 영적 성향을 지닌 그들에게는 다른 것이 필요하지 않았습니다. 그들은 매분 정해진 공간을 움직이는 시곗바늘 같았습니다. 그들은 끊임없이 하나님 은혜의 자극을 받아 다른 것을 생각하지 않고 시간시간 하나님께서 주시는 새로운 일을 행했습니다.

이것이 동정녀 마리아의 행동의 은밀한 동기였습니다. 그녀는 사람 중에서 가장 단순한 사람이었으며, 하나님께 가장 완전하게 자신을 복종시킨 사람이었습니다. 그녀가 천사에게 한 간결한 대답—"말씀대로 내게 이루어지이다"(눅 1:38)—은 조상들의 신비신학 전체를 구현하고 있습니다. 이것은 계시된 하나님의 뜻에 가장 직접 마음을 다해 복종하는 것을 의미했습니다. 이 고귀하고 숭고한 정신적 틀이 마리아의 영성생활의 기초였으며, "말씀대로 내게 이루어지이다"라는 단순한 말 안에서 완전하게 드러납니다. 이 말은 주께서 우리가 항상 마음과 입술에 담기를 원하시는 말씀—"뜻이 이루어지이다"(마 6:10)—과 일치한다는 점에 주목해야 합니다.

이 위대한 순간에 마리아에게 요구된 것은 매우 영광스러운 것이었지만, 만일 그녀가 하나님의 뜻에 복종하기를 원하지 않았다면 그 영광은 전혀 의미가 없었을 것입니다. 그녀가 행하는 모든 일은 때로는 매우 분명하게, 어떨 때는 모호하게 전능자의 행위를 계시해 주었고, 또 하나님을 찬양하는 기회가 되었습니다. 마리아는 기쁨이 충만하여 삶의 순간순간 자신이 행하거나 겪어야 하는 모든 일을 세상에 속한 것을 원하지 않고 하나님을 갈망하는 사람들에게 즐거움을 소나기처럼 내려 주시는 분의 선물로 여겼습니다.

~ 2 ~
매 순간의 의무는 하나님의 뜻에 따른 행동을 덮어
주는 그림자입니다.

천사는 마리아에게 "지극히 높으신 이의 능력이 너를 덮으시리니"(눅 1:35)라고 말했습니다. 오늘 우리를 덮는 그림자는 순간순간 우리에게 제시되는 의무나 시험 또는 시련입니다. 이것은 자연의 그림자가 사물을 우리의 시야에서 가리고 숨기는 것과 같습니다. 이 항존하는 의무들은 그 자체가 하나님의 뜻의 표현이라는 사실을 감추고 있습니다. 마리아는 그 사실을 파악하고 있었기 때문에, 이 그림자 같은 사실들 때문에 미혹되지 않고 변함이 없으신 분에 대한 강한 믿음을 소유했습니다. 이러한 그림자 중의 하나인 천사는 떠나갑니다. 그는 대단히 행복했습니다. 마리아가 그보다 앞서 떠났으므로 그들은 멀리 떨어지겠지만, 천사의 그림자 아래 그녀에게 임하신 성령은 결코 그녀를 떠나지 않을 것입니다.

동정녀 마리아의 표면적인 생활에 그리 특별한 것이 없었거나, 최소한 복음서는 그것에 대해 기록하지 않습니다. 복음서는 그녀의 삶을 매우 단순하고 일상적인 것으로 나타냅니다. 그녀가 행하거나 경험한 일들은 인생에서 그녀와 같은 처지에 있는 사람들 모두가 경험하는 일이었습니다. 그녀는 다른 친척들이 행하는 것처럼 자기의 사촌인 엘리사벳을 방문했습니다. 또 그녀는 이웃들 모두가 행한 것처럼 호적하러 베들레헴에 갔는데, 가난했기 때문에 마구간에 머물었습니다.

마리아는 헤롯의 박해를 피해 나사렛을 떠났다가 돌아와서 예수와 요셉과 함께 그곳에서 살았습니다. 요셉과 예수님은 생계를 위해서 일을 했습니다. 그런데 마리아와 요셉의 믿음을 양육해 준 떡은 무엇이었습니까? 그것은 지금 이 순간의 성례였습니다. 단조로운 사건들이 가득한 실존 아래서 그들은 무엇을 경험했습니까? 그것은 표면적으로는 주위 사람들의 경험과 비슷했지만, 표면적인 것들을 꿰뚫는 믿음은 하나님께서 매우 큰 일을 성취하고 계시다는 것을 드러내 주었습니다. 천사들의 떡, 하늘의 만나, 복음서의 진주, 이 순간의 성례! 그것은 마구간, 구유, 건초, 밀짚 등의 비천한 형태 아래 하나님을 줍니다. 그런데 누구에게 하나님을 줍니까? "주리는 자를 좋은 것으로 배불리셨으며"(눅 1:53). 하나님은 겸손한 사람에게는 가장 비천한 모습으로 자신을 계시하시지만, 표면 밑을 바라보지 않는 교만한 사람은 분명한 현현 속에서도 하나님을 발견하지 못합니다.

~ 3 ~
거룩하게 되는 것은 매우 쉬운 일입니다.

거룩하게 되는 것이 견디기 힘든 어려움을 제공하는 것처럼 보인다면, 그 이유는 우리가 그것에 대해 잘못된 생각을 하고 있기 때문입니다. 실제로 거룩은 단 한 가지—하나님의 뜻에 철저히 충성하는 것—로 이루어져 있습니다. 누구든지 적극적으로든지 수동적으로든지 이 충성을 실천할 수 있습니다.

적극적으로 충성한다는 것은 우리가 하나님의 법과 교회의 법에 순종하며, 자기에게 부과된 모든 의무를 생활 방식에 의해서 이행하는 것을 의미합니다. 수동적인 충성이란 하루의 순간 순간 하나님께서 보내시는 모든 일을 사랑으로 받아들이는 것을 의미합니다. 여기에 우리의 입장에서 지나치게 어려운 일이 있습니까? 적극적인 충성에는 어려운 것이 전혀 없습니다. 그 이유는 우리의 능력을 초월한 의무를 행하라는 기대가 주어지지 않기 때문입니다. 중병이 들어 움직일 수 없는 사람은 예배에 참석할 필요가 없습니다.

의무를 규정하는 다른 모든 교훈의 경우도 같습니다. 물론 악행을 금지하는 교훈에는 예외가 있을 수 없습니다. 왜냐하면, 우리가 죄를 범하는 것은 절대 허락되지 않기 때문입니다. 이보다 더 현명하고 쉬운 일이 있을까요? 우리에게는 핑곗거리가 없습니다. 하나님은 그 이상의 것을 요구하지 않지만, 예외 없이 모든 사람에게 그것을 요구하십니다. 계층, 시간, 장소 등은 전혀 의미가 없습니다. 누구나 순종해야 합니다. 하나님이 요구하시는 것은 매우 솔직하고 쉽습니다. 우리는 이 단순한 규칙들에 순종함으로써 거룩해질 수 있습니다. 그런데 하나님은 계명들 외에 완전에 대한 권고를 주십니다. 하나님은 그 모든 권고가 우리의 기질과 인생에서의 위치에 적합한 것이 되도록 배려하십니다. 하나님은 결코 우리의 힘이나 능력을 벗어나는 지점까지 우리를 몰아가지 않으십니다. 이보다 더 공정한 일이 있을까요?

하나님은 거룩해지기를 원하며 성인들의 전기나 영적인 일을 다루는 책에서 읽은 사실들 때문에 낙심한 당신을 돕기 위해서 내가 이 글을 쓰게 하셨습니다. 그러니 나에게서 배우십시오.

지극히 선하신 하나님은 땅, 대기, 물 등 삶에 필요한 모든 것을 쉽게 이용할 수 있게 하셨습니다. 호흡, 먹는 것, 그리고 잠자는 것보다 더 중요한 것이 있습니까? 또 그보다 더 쉬운 일이 있습니까? 영적인 일에서 가장 중요한 것은 사랑과 충성입니다. 그것들이 우리가 상상하는 것처럼 획득하기 어려운 것이 되어서는 안 됩니다. 곰곰이 살펴보면, 삶이 무수히 많은 사소한 행위들로 이루어져 있음을 알 수 있을 것입니다. 하나님은 그러한 행위들에 만족하십니다. 왜냐하면, 그러한 일들을 제대로 하는 것이 완전을 얻기 위한 노력의 일부이기 때문입니다. 이것은 분명한 사실입니다. 성경은 이것을 분명히 표현합니다: "하나님을 경외하고 그의 명령들을 지킬지어다 이것이 모든 사람의 본분이니라"(전 12:13). 우리가 해야 할 일은 이것뿐입니다. 이것이 적극적인 충성입니다. 우리가 자기 몫의 일을 행하면, 나머지는 하나님께서 행하실 것입니다. 은혜가 우리에게 부어질 것이며, 이해를 초월하는 놀라운 일들이 행해질 것입니다. 왜냐하면 "하나님이 자기를 사랑하는 자들을 위하여 예비하신 모든 것은 눈으로 보지 못하고 귀로 듣지 못하고 사람의 마음으로 생각하지도 못하였다"(고전 2:9)라고 기록되었기 때문입니다.

수동적으로 충성하는 것도 쉬운 일입니다. 그것은 우리가 피할 수 없는 것을 받아들이는 것, 그리고 피곤함이나 혐오를 일으킬 수 있는 일들을 체념과 사랑으로 참고 견디는 것을 의미합니다. 이것이 거룩함의 의미입니다. 그것은 너무 작아서 알아보거나 수확할 수 없는 겨자씨, 복음서의 드라크마, 아무도 찾지 못하도록 잘 숨겨 두었기 때문에 발견하지 못하는 보물입니다.

그렇다면 이 보물을 발견하는 비결은 무엇입니까? 비결은 없습니다. 이 보물은 곳곳에 있습니다. 그것은 언제 어디서나 우리에게 제공됩니다. 우리와 친근한 것이든지 우리를 대적하는 것이든지 모든 피조물이 그 보물을 풍부하게 쏟아냅니다. 그것은 우리의 몸과 혼의 모든 조직을 통해서 흘러 우리 존재의 핵심에 이릅니다. 우리가 입을 열면, 우리의 입에 가득 채워질 것입니다. 하나님의 활동은 우주를 꿰뚫어 흐릅니다. 그것은 분출하여 솟아오르며 모든 피조물을 관통합니다. 피조물이 있는 곳에 하나님의 활동이 있습니다. 하나님의 활동이 피조물보다 앞서가며, 그들과 함께하며, 그들을 따라갑니다. 피조물은 그저 그 활동의 물결에 자신을 맡기면 됩니다.

세상과 교회의 왕들과 제후들과 재상들과 사제들과 군인들과 평민들이 거룩하게 되는 것이 얼마나 쉬운 일인지를 안다면 얼마나 좋겠습니까! 그들이 할 일은 단지 기독교인의 단순한 의무들 및 인생에서 자신의 위치에 요구되는 의무를 성실하게 이행하며, 자신에게 닥치는 모든 어려움을 즐거운 마음으로 받아들이고, 자기 힘으로 환난을 벗어날 방법을 구하지 않으며, 자신이 행하거나 당해야 하는 모든 일 안에 나타나 있는 하나님의 뜻에 복종하는 것입니다. 영성의 방법이나 영혼의 지도자들이 존재하기 전에 살았던 족장들과 선지자들이 거룩함을 얻은 것은 바로 이러한 태도 때문이었습니다. 이것이 모든 시대 모든 사람에게 유효한 참된 영성입니다. 단지 영혼의 특별한 안내자이신 하나님께서 주시는 방편들을 사용함으로써 우리는 쉽게 선해질 수 있습니다. 그것은 인생에서 매 순간 우리에게 임하는 모든 것을 기꺼이 받아들이는 것입니다.

~ 4 ~
완전해지는 데 필요한 것은 하나님의 의도를 이해
하는 것이 아니라 그 의도에 복종하는 것입니다.

하나님의 의도들—하나님이 행하려 하시는 것, 하나님의 뜻, 행동, 그리고 그의 은혜—은 모두 같으며, 우리가 완전함에 이를 수 있게 하려고 모두가 함께 작용합니다. 완전함이란 영혼이 성실하게 하나님과 협력하는 것 이상도 아니고 이하도 아닙니다. 이 협력은 영혼 안에서 은밀하게 시작되어 성장하고 결실하기 때문에 우리는 그것을 알아채지 못합니다.

신학에는 이 상태가 지닌 놀라운 일들에 대한 이론과 설명이 가득합니다. 우리가 이 이론들에 대해서 알며, 그것들에 대해서 훌륭하게 말하고 기록할 수 있으며, 사람들에게 그것들을 가르치고, 영적 충고를 할 수 있습니다. 그러나 그것들에 대한 지적인 지식만 소유한다면, 우리는 하나님의 뜻대로 행하지만 신학에 대해서는 알지 못하며 그 복잡한 것들에 대해 말할 수 없는 사람들에게 비유될 것입니다. 이것은 마치 매우 건강하지만 무식한 사람을 의사와 비교하는 것과 같습니다. 약에 대해서 알지 못하고 관심도 없는 환자가 순종하여 약을 먹으면 병이 낫듯이, 신실한 영혼이 단순하게 하나님의 뜻과 목적을 받아들인다면, 의식하지 못하는 사이에 완전함에 이를 것입니다.

우리는 연소(燃燒) 작용에 대해 알지 못해도 불의 온기를 누릴 수 있습니다. 하나님의 뜻이 있고 우리가 그것을 받아들이기만 하면, 우리 안에 거룩함이 만들어집니다. 그것은 지적 사색으로 만들어지는 것이 아닙니다. 목마른 사람은 갈증에 관해 설명해 주는 책을 찾을 것이 아니라 물을 마셔야 합니다. 갈증에 대한 설명을 찾기 위해서 시간을 허비한다면 갈증이 심해질 뿐입니다. 우리가 거룩함을 갈망할 때에도 마찬가지입니다. 거룩함에 대해서 더 많이 알고자 하는 갈망은 거룩함을 더 멀리 몰아낼 것입니다. 우리는 모든 사색을 버리고 어린아이처럼 하나님께서 주시는 모든 것을 기꺼이 받아들여야 합니다. 매 순간 하나님께서 우리로 하여금 경험하게 하시는 것이 우리에게 발생할 수 있는 가장 선하고 거룩한 것입니다.

~ 5 ~
하나님이 작용하시는 통로가 되지 못한다면, 영적인 책을 읽는 것을 비롯한 여러 가지 경건한 활동이 무익합니다.

우리는 공부하면서 매 순간 하나님이 우리를 위해 계획하신 것을 찾아내야 합니다. 하나님께서 우리를 위해 선택하신 것이 아닌 것을 읽는 것은 해롭습니다. 우리는 하나님의 뜻을 통해서 은혜를 받으며, 이 은혜는 독서를 비롯하여 우리가 행하는 모든 활동을 통해서 우리 안에서 작용합니다. 하나님이 없으면, 우리가 이론을 세우거나 책을 읽는 것이 무익합니다. 또 그러한 활동은 그 안에 생명을 주는 하나님의 능력이 없으므로 정신을 채우지만 마음을 고갈시킵니다. 평범한 고난과 활동을 통해서 단순하고 무식한 사람의 영혼 안에서 작용하시는 하나님의 뜻은 그의 내면 깊은 곳에서 초자연적인 활동을 만들어 내면서도 그를 겸손하게 합니다. 이런 사람은 호기심 때문에 하나님과 전혀 관계없이 영적인 서적을 읽으며 자신의 지성을 자랑하는 사람과는 아주 다릅니다. 지성을 자랑하는 사람은 그 메시지의 죽은 문자만 받을 뿐이므로 그의 마음이 점차 굳어지고 위축됩니다.

하나님의 계획과 뜻은 어떤 형태를 취하든지 간에 영혼에 생명을 주며, 가장 선한 것을 제공함으로써 영혼을 양육하고 발달하게 만듭니다. 이 즐거운 상태는 특별한 사건에 의해 초래되는 것이 아니라 매 순간 하나님께서 의도하신 것에 의해서 초래됩니다. 과거에 우리가 행해야 했던 최상의 것이 지금 이 순간에 최상의 것이 되지는 못합니다. 왜냐하면, 하나님의 뜻은 이 순간의 의무인 사건들 안에 자신을 드러내기 때문입니다. 어떤 형태를 취하여 나타나든지 이러한 의무를 행하는 것이 우리를 거룩하게 하는 데 가장 유익합니다.

예를 들면, 지금 이 순간 책을 읽는 것이 하나님의 뜻이라면, 영혼의 내면 깊은 곳에서 독서가 신비한 능력을 발휘할 것입니다. 그러나 만일 독서를 포기하고 관상의 의무를 행하는 것이 하나님의 뜻이라면, 영혼에 효력을 미치는 것은 관상이 될 것이며 독서는 무익하고 유해하게 될 것입니다. 만일 적지 않은 시간 동안 죄고백을 듣기 위해 관상을 포기하는 것이 하나님의 뜻이라면, 이 의무는 우리를 예수 그리스도와 연합해 줄 것입니다. 그때에는 관상의 달콤함은 이 연합을 파괴할 뿐입니다.

우리가 하나님의 뜻에 순종할 때 순간순간은 생산적인 순간이 됩니다. 하나님의 뜻은 다양한 방법으로 드러나며, 각각의 방법은 그 순간 우리의 당면한 의무가 됩니다. 그것들이 결합하여 우리 안에서 새 사람(엡 4:24)을 완전하게 할 때 우리는 하나님의 지혜가 우리를 위해 정해 놓으신 완전한 자아의 성취에 이릅니다. 이렇게 우리의 영혼 안에서 이루어지는 예수 그리스도의 신비한 성장은 하나님이 정하신 결과요, 하나님의 은혜와 거룩한 뜻의 열매입니다. 앞에서 말한 것처럼, 이 열매는 하나님이 우리 앞에 제시하시는 일련의 의무들에 의해 맺어지고 자라고 유지됩니다. 우리는 이러한 의무들을 이행함으로써 확실하게 "좋은 편"(눅 10:42)을 선택할 수 있습니다.

우리가 해야 할 일은 하나님의 거룩한 뜻이 우리 안에서 작용하게 하며, 절대적으로 확신하며 그 뜻에 복종하는 것뿐입니다. 하나님의 뜻은 전지전능하며, 완전히 신뢰하는 사람에게는 무한히 자비합니다. 그 뜻을 사랑하여 다른 것을 구하지 않고, 매 순간 그 뜻에 따라 최상의 것으로 정해진 것을 절대적으로 신뢰하여 다른 것을 구하거나 사건들과 하나님의 계획 사이의 연결 고리들을 헤아리려고 노력하거나—이것은 순전히 이기심 때문에 촉발된 호기심에 불과합니다—배회하지 않는 사람에게 그것이 무조건 주어집니다.

만물은 하나님의 뜻에 따라 본성과 실체와 힘을 소유합니다.

하나님의 뜻은 우리 영혼에 유익하도록 그것들을 조정하십니다. 하나님의 뜻이 없으면, 모든 것은 무요, 공허하고 거짓되며, 헛된 것이요 껍질이요 죽음에 불과합니다. 하나님의 뜻은 몸과 영혼의 구원이요 행복이요 생명입니다. 사물이 우리의 정신이나 몸에 유익을 줄 것인지 자세히 살펴볼 필요가 없습니다. 그것은 중요한 일이 아닙니다. 하나님의 뜻은 만물에게 우리의 심령 깊은 곳에 예수 그리스도를 심을 수 있는 능력을 부여하십니다. 이 전능한 의지에 한계를 정하려 해서는 안 됩니다.

어떤 생각이 정신을 채우고 있는지, 몸이 무엇을 느끼는지, 정신이 산만하거나 염려하고 있는지, 몸이 고난을 겪거나 죽어가고 있는지 등은 중요하지 않습니다. 이 순간 하나님의 뜻은 몸과 영혼이 어떤 상태에 있든지 간에 그 생명이 오직 하나님의 뜻에 따라 유지되는 데 있습니다. 하나님의 뜻이 없으면 빵이 독이 되고, 하나님의 뜻이 있으면 독이 안전한 약이 됩니다. 하나님의 뜻이 없으면 책들은 정신을 혼란스럽게 할 뿐이지만, 하나님의 뜻이 있으면 혼동이 명료함이 됩니다. 하나님의 뜻은 만물 안에서 선하고 참되며, 만물 안에서 우리에게 하나님을 줍니다. 하나님은 지극히 완전하신 분이므로, 그분을 소유한 사람에게는 다른 것이 필요하지 않습니다.

~ 6 ~
이성 및 다른 기능들은 하나님 행동의 도구로 사용될 때만 유익합니다.

정신 및 정신의 모든 활동은 하나님이 사용하시는 도구 중에서 우선적인 위치를 차지하고 싶어 합니다. 그러나 그것은 다루는 방법을 알면 매우 유익하지만 엄격하게 통제하지 못하면 큰 해를 초래할 수 있는 위험한 하인처럼 가장 저급한 것으로 분류되어야 합니다. 우리가 인습적인 수단의 도움을 받기를 간절히 원할 때 하나님은 우리에게 필요한 것은 오직 하나님의 활동이라고 말씀하십니다. 반면 우리가 타당한 이유 없이 표면적인 도움을 받으려 하지 않는다면, 하나님은 그러한 도움이 하나님이 도구이므로 무의식적으로 사용하거나 거부되어서는 안 되며 하나님의 계획을 위해 진지하고 자연스럽게 채택되어야 하며, 비록 우리가 모든 것을 소유하고 있어도 아무것도 소유하지 않은 듯이 초연하게 사용되어야 한다고 말씀하십니다.

하나님의 활동 능력과 범위는 무한합니다. 우리가 영혼에서 자신의 능력에 대한 그릇된 확신을 완전히 비우면 하나님의 활동이 영혼을 채울 수 있습니다. 이 그릇된 확신이 우리의 내면에서 하나님의 활동을 억제할 수 있습니다. 하나님은 원하시면 장애물을 영적 발전을 위한 보조물로 바꾸실 수 있습니다. 왜냐하면, 하나님에게는 모든 것이 동일하여, 동등하게 유익하거나 동등하게 무익하기 때문입니다. 하나님이 없으면 모든 것이 무(無)이며, 하나님과 함께하면 무가 모든 것입니다. 우리는 묵상을 하거나 관상에 몰입하거나 소리 내 기도하거나 내적 침묵을 실천하거나 활동적인 생활을 하거나 세상을 멀리하는 생활을 할 수 있으며, 그러한 일들이 모두 소중하지만, 특정한 순간에 하나님이 원하시는 일을 행하는 것보다 더 좋은 일은 없습니다. 우리는 다른 모든 것을 무가치한 것으로 여기며 완전히 무관심하게 대해야 합니다. 우리는 모든 것 안에서 하나님만 보아야 하므로, 모든 것을 하나님의 뜻에 맡겨야 합니다. 그렇게 함으로써 우리는 하나님께서 정하신 것 외에 다른 것을 바라지 않으며, 하나님을 통하지 않고서는 능력도 없고 가치도 없는 것들을 사용하려 하지 않습니다.

우리는 언제 어떤 상황에서든지 사도 바울처럼 "주님 무엇을 하리이까"(행 22:10)라고 말해야 합니다. 우리가 선택하는 것이 아닙니다. 우리는 이렇게 말해야 합니다: "주께서 원하시는 것이라면 무엇이든지 하겠습니다. 나의 정신이 원하는 것과 몸이 원하는 것이 다릅니다. 그러나 주님, 내가 원하는 것은 오로지 주님의 거룩하신 뜻에 순종하는 것입니다. 주께서 의미를 부여하시지 않으면, 우리가 행하는 모든 일, 구송기도나 마음으로 하는 기도, 적극적인 것이나 피동적인 것은 모두 헛됩니다. 이 세상에 속한 것들이 아무리 웅대하고 고귀해도, 나는 그것들이 아닌 주님의 거룩한 뜻에 헌신할 뿐입니다. 왜냐하면, 우리의 정신의 탁월함 때문이 아니라 마음의 사랑 때문에 은혜가 주어지기 때문입니다."

하나님의 뜻에 맡겨진 우리의 심령 깊은 곳에서 이루어지는 삼위일체의 거주로 말미암는 하나님의 임재가 우리를 거룩하게 합니다. 관상은 하나님과 우리의 긴밀한 연합을 만들어 냅니다. 물론 다른 행동도 우리를 위한 하나님의 계획 일부일 때 같은 연합을 만들어 냅니다. 그러나 관상은 이 연합을 성취하는 가장 효과적인 수단이기 때문에 가장 중요합니다.

그러므로 관상을 비롯한 모든 경건한 행동을 향한 사랑이 선하신 하나님께 초점을 두고 있음을 분명히 이해하고 그것들을 사랑해야 합니다. 하나님은 우리를 하나님과 연합하게 해 줄 모든 수단을 우리가 사용하기를 바라십니다. 왕을 대접하는 사람은 당연히 왕과 그의 신하들을 함께 대접할 것입니다. 왕에게만 경의를 표한다는 구실로 시종들을 등한히 하는 것은 왕을 모욕하는 행동이 될 것입니다.

~ 7 ~
하나님의 뜻에 복종하지 않으면 참 평안을 누릴 수 없습니다.

우리가 하나님의 뜻 행하는 데 집중하지 않으면 아무리 경건하고 훌륭한 수행(修行)을 해도 행복이나 거룩함을 발견하지 못할 것입니다. 만일 당신이 하나님께서 당신을 위해 선택하신 것에 만족하지 못한다면, 무엇이 당신을 즐겁게 해 줄 수 있겠습니까? 하나님이 당신을 위해 준비하신 음식이 당신을 메스껍게 합니까? 그렇다면 미각이 이상한 사람에게 어떤 음식이 상한 것처럼 보이지 않는다고 말할 수 있습니까? 우리가 지금 이 순간의 의무를 행하지 않는 한, 진정으로 음식을 먹고 힘을 얻고 정화되고 부유하게 되고 거룩하게 될 수 없음을 알아야 합니다. 이것 외에 무엇을 원합니까? 왜 다른 곳을 바라봅니까? 당신이 하나님보다 더 지혜롭습니까? 왜 하나님이 원하시는 것이 아닌 다른 것을 추구합니까? 지혜롭고 선하신 하나님이 그릇될 수 있다고 생각하십니까? 이 지혜와 선에 의해 정해진 일을 만날 때, 당신은 그것이 탁월한 것이라고 확신해야 합니다. 한순간이라도 전능하신 하나님을 거부함으로써 평안을 발견할 것으로 생각한 적이 있습니까? 우리는 깨닫지 못하지만 이렇게 하나님을 거부하는 것이 모든 환난의 근원입니다. 매 순간 하나님이 주시는 것에 만족하지 못한다면, 우리는 자신을 만족하게 해 줄 다른 것을 발견하지 못하는 벌을 받을 것입니다.

  책, 성인들의 본보기, 영적인 일에 대한 논의 등이 우리 마음의 평안을 어지럽게 할 뿐이라면, 또 그런 것들을 충분히 누리면서도 만족하지 못한다면, 그것은 우리가 진실로 자신을 하나님의 뜻에 맡기지 않고 있다는 것, 그리고 이기심 때문에 그러한 일에 몰두하고 있다는 표식입니다. 그것들은 하나님이 우리 영혼 안에 들어오는 것을 막습니다. 그러므로 그러한 장애물들을 제거해야 합니다.

  그러나 만일 우리가 그런 것들을 소유하는 것이 하나님의 뜻이라면, 그것들을 우리를 위한 하나님의 계획 일부로 여기고 받아들여야 합니다. 우리는 그것들을 취하고 사용하고, 그것들의 역할이 끝나면 즉시 포기하며, 그 순간에 주어진 일을 수행해야 합니다. 실제로 하나님의 뜻에서 비롯된 것이 아닌 것이 우리에게 유익을 주지 못하며, 하나님의 뜻에 순종하는 것 외에 다른 것은 우리를 평안하게 하거나 거룩하게 해 주지 못합니다.

~ 8 ~

> 우리가 얼마나 거룩한지 판단하는 방법은 오직 하나입니다. 즉 얼마나 하나님의 뜻에 순종하느냐입니다.

이것이 만물에 초자연적이고 거룩한 의의를 부여해 줄 것입니다. 하나님의 뜻은 지고합니다. 하나님의 뜻과 접촉하는 모든 것이 신적인 광채를 발합니다. 완전함에 이르는 지름길을 걸어가려면, 우리에게 주어지는 모든 영적 자극이 하나님에게서 오는 것임을 확신해야 합니다. 혹시 그것들이 인생의 현 위치에서 행해야 할 의무에서 우리를 멀어지게 한다면, 그것들이 하나님의 감동으로 주어진 것이 아님을 알아야 합니다.

이러한 의무들은 다른 것으로 대신할 수 없는 분명한 하나님의 뜻의 표시입니다. 그 안에는 우리가 두려워하거나 무시하거나 선택해야 할 것이 없습니다. 그것들은 전혀 문제를 제기하지 않습니다. 항상 이러한 의무들을 행하면서 세월을 보내는 것은 우리가 하나님의 거룩한 뜻에 순종한다는 것을 분명히 해 줄 수 있으므로 우리에게 가장 소중하고 유익합니다.

거룩함이란 하나님의 계획을 따르는 것입니다. 따라서 우리는 하나님에게서 오는 것을 거역하지 말고 받아들여야 합니다. 하나님이 원하신다면, 우리가 사용하는 책, 유식한 사람의 충고, 구송기도와 내면의 기도 등이 우리를 가르치고 인도하여 하나님과의 연합에 이르게 해 줄 것입니다. 정적주의는 이러한 수단들 및 우리의 감각을 사용하는 것을 정죄하는데, 그것은 잘못된 일입니다. 왜냐하면, 하나님은 어떤 사람들이 이러한 방법으로 생활하는 것을 원하시기 때문입니다. 그것은 그들의 생활 방식과 영적 표시들을 보면 분명히 드러납니다. 인간적인 활동을 철저히 배제하고 침묵만 추구하는 자기 포기를 상상하는 것은 시간 낭비입니다. 왜냐하면, 하나님께서 원하신다면, 행동이 우리를 거룩하게 할 것이기 때문입니다. 어떤 사람의 경우에 하나님은 그들이 일상생활의 의무 및 하나님께서 주시는 일을 수행하는 것만을 원하십니다. 그런 사람은 완전함을 성취하기 위해서 다른 것을 할 필요가 없습니다.

그러나 어떤 사람에게는 일상적인 의무를 초월하는 일들을 성취하기를 원하실 수도 있습니다. 이러한 요구를 받는 사람은 그 요구에 이끌리며 마치 감화를 받는 것처럼 느끼기 때문에 그 요구를 의식할 것입니다. 이러한 요구를 받을 때 우리가 할 수 있는 최상의 일은 명령받은 일을 등한히 하지 않고 행하고 하나님께서 예기치 않게 주시는 명령에 항상 순종하면서 그 감화가 인도하는 곳으로 가는 것입니다. 하나님은 자신이 원하시는 대로 성인을 만드십니다. 성인은 하나님의 계획에 따라 만들어지며, 성인들은 모두 이 계획에 동의합니다. 이렇게 하나님의 뜻에 복종하는 것이 진정한 자기 포기입니다. 이보다 더 좋은 것이 있을 수 없습니다.

성인들은 자기 삶의 상태에 의해서, 그리고 하나님에 의해서 주어지는 의무를 이행합니다. 그들은 감추어지고 알려지지 않은 생활을 하며, 이 악한 세상의 위험을 피합니다. 그러나 그들은 이런 이유로 성인이 아니라 하나님의 뜻에 복종하기 때문에 성인입니다. 철저하게 복종할수록 더 거룩해집니다. 놀랍고 특별한 행동 때문에 탁월한 덕을 소유하는 이 거룩한 사람들이 그리 완전하지 않게 하나님의 계획에 맡기는 생활을 하지 않는다고 생각해서는 안 됩니다. 만일 하나님께서 이러한 특별한 활동을 요구하셨으므로 그들이 그러한 의무를 실천하는 데 만족할 뿐이라면, 그들은 하나님의 뜻에 불순종함으로써 하나님께 대항하며 매 순간을 하나님 섬기는 데 보내지 않으려 할 것입니다. 그들은 하나님의 요구를 충족시키기 위해서 자신의 능력을 발휘하려고 노력해야 하며 은혜로 말미암아 임하는 감화를 따라야 합니다. 물론 사람 중에는 일반적인 기독교의 법에 따라 규정된 의무를 소유한 사람들이 있는데, 그런 사람들은 이 법의 제한을 받아야 합니다. 왜냐하면 그것이 하나님께서 그들에게 주시는 제한이기 때문입니다. 그러나 사람 중에는 이러한 법의 구속을 당하지만 다른 법, 즉 성령에 의해 마음에 새겨진바 내면 깊은 곳에 작용하는 법에 순종해야 하는 사람들이 있습니다.

우리 중에 가장 거룩한 사람은 누구입니까? 그것을 찾아내려고 노력하는 것은 무의미한 일입니다. 사람들은 각기 정해진 길을 가야 합니다. 거룩함은 힘이 닿는 한 하나님께 순종하고 하나님과 함께 일하는 것 안에 존재합니다. 여러 가지 상태를 비교하는 것은 무의미합니다. 왜냐하면, 거룩함은 우리에게 주어진 의무의 종류나 수효 안에서 찾아지는 것이 아니기 때문입니다. 만일 우리가 이기심 때문에 행동하거나, 이기심을 의식하는 즉시 근절하지 않는다면, 우리는 하나님의 계획이 아닌 것들이 풍성한 가운데 가난하게 지낼 것입니다.

이 문제에 관해서 나는 이렇게 생각합니다: 우리의 거룩함은 하나님에 대한 우리의 사랑에 의해 측량되며, 우리를 위한 하나님의 뜻과 계획에 순종하려는 갈망의 성장에 비례하여 증가합니다. 그것을 예수님, 마리아, 그리고 요셉에게서 발견할 수 있습니다. 그들의 삶에는 격식보다는 영성, 위대함보다는 사랑이 더 많았습니다. 그들은 여러 가지 일과 사건들 안에서 거룩함을 추구한 것이 아니라 그러한 일들에 대처하는 과정에서 거룩했습니다. 그러므로 우리는 완전함에 이르는 특별하거나 특이한 길이 없다는 것, 그리고 대부분의 사람에게 가장 좋은 것은 하나님께서 그들의 특별한 생활 방식과 관련하여 원하시는 모든 일에 복종하는 것임을 알아야 합니다.

~ 9 ~
이 교리를 제대로 이해하면 쉽게 거룩해질 수 있습니다.

 거룩해지려고 노력하는 사람이 옳은 길을 가는 방법을 배운다면 많은 고생을 덜게 될 것입니다. 지금 나는 세상에서 평범한 생활을 하는 사람들과 하나님께서 특별히 구분하여 놓으신 사람들에 대해 말하고 있습니다. 전자는 하루의 모든 순간 안에 감추어져 있는 것 및 매 순간이 가져오는 의무들을 깨달아야 하며, 후자는 자신이 하찮고 중요하지 않게 여기는 것들이 거룩함을 이루는 데 필요하다는 것을 인식해야 합니다.

 이 두 부류의 사람들 모두 거룩함이 하나님께서 주시는 시련을 받아들이는 것을 의미한다는 것을 알아야 합니다. 이것이 온갖 특별한 경험보다 훨씬 더 중요합니다. 이것은 그들의 모든 근심과 고통과 고난을 금으로 변화시키는 현자의 돌입니다. 이것을 깨닫는 사람은 진정 행복할 것입니다. 그들이 거룩함의 정상에 이르기 위해 해야 할 일은 단지 이미 행하고 있는 것을 행하며, 이미 당하고 있는 것을 참고 견디는 것, 또 자신이 하찮고 무가치하게 여기는 모든 것이 자신을 거룩하게 해 줄 수 있다는 것을 깨닫는 것입니다. 거룩함은 쉽고 평범하며 우리의 힘이 미치는 범위 안에 있다는 것을 말씀드리고 싶습니다! 도둑은 좋은 도둑이든지 나쁜 도둑이든지 하는 일이 다르지 않듯이, 성인이 되려면 고난을 겪어야 합니다. 두 부류의 평범한 사람들의 예를 들어 보겠습니다. 하나는 철저히 세속적인 사람들이고, 나머지 하나는 신령한 사람들입니다. 그런데 그들에게 주어지는 요구는 같습니다. 후자는 하나님의 거룩한 뜻에 복종하여 영원한 행복을 얻지만, 전자는 같은 일을 주었을 때 마지못해서 행함으로써 자신을 정죄합니다. 이 두 부류의 사람들의 마음은 아주 다릅니다.

내가 요구하는 것이 결코 특별한 것이 아님을 알아야 합니다. 내가 원하는 것은 현재 행하고 있는 일을 계속하며, 마땅히 해야 할 일을 인내하며 행하되, 모든 일에 대한 태도를 바꾸라는 것입니다. 즉 하나님께서 요구하시는 모든 일에 대해 단순히 "그렇게 하겠습니다"라고 대답하는 것입니다. 이보다 더 쉬운 일이 어디 있습니까? 누가 이처럼 자비하고 선한 뜻에 순종하기를 거부할 수 있습니까? 우리는 이러한 순종을 통해서 하나님과 하나가 될 것입니다.

제2장

지금 이 순간을 영원히 흐르는 거룩함의 원천으로 여겨 받아들이십시오.

~ 1 ~

하나님의 활동은 언제 어디에나 현존하지만, 믿음의 눈으로만 볼 수 있습니다.

모든 피조물은 하나님의 손안에서 살아갑니다. 우리는 감각으로 피조물의 행동을 볼 수 있지만, 믿음은 만물 안에서 행동하시는 창조주를 봅니다. 믿음은 예수 그리스도께서 모든 것 안에 살아 계시며 종말에 이르기까지 역사 안에서 활동하신다는 것, 지극히 짧은 순간, 원자 하나하나에 그분의 감추어진 삶과 은밀한 활동이 담겨 있음을 봅니다.

피조물들의 활동은 하나님의 역사(役事)의 깊은 비밀을 덮고 있는 베일입니다. 예수 그리스도는 부활하신 후에 불시에 마치 변장을 하신 것처럼 제자들에게 모습을 나타내시고 출현하여 자신을 계시하셨습니다. 만일 우리의 믿음이 강하고 명민하지 못하면, 이 영원히 살아서 활동하시는 예수님이 우리를 불시에 공격하실 것입니다. 하나님께서 고난이나 의무의 모습으로 나서시며, 우리의 내면과 주위에서, 그리고 우리를 통해서 발생하는 모든 것 안에 그분의 활동이 포함되고 감추어지지 않은 순간이 한순간도 없습니다. 그러나 그것이 눈에 보이지 않기 때문에 우리는 항상 기습 공격을 받으며, 우리의 곁을 지나치지 않는 한 그분의 활동을 깨닫지 못합니다. 만일 우리가 베일을 걷을 수 있다면, 그리고 주의 깊게 주목하면서 지켜볼 수 있다면, 하나님은 끝없이 자신을 우리에게 계시하실 것이며, 우리는 자신에게 임하는 모든 일 안에서 그분의 적극적인 임재를 보고 기뻐해야 할 것입니다.

우리는 어떤 일을 대하든지 "주님이시라!"(요 21:7)라고 외쳐야 합니다. 우리는 자신에게 발생하는 모든 것을 하나님이 주신 선물로 여겨 받아들여야 합니다. 그리고 모든 피조물을 하나님의 목적에 이바지하는 연약한 도구로 여겨야 합니다. 또 우리에게 부족한 것이 없다는 것, 그리고 하나님이 지속적인 돌봄을 통해서 선하고 적절한 모든 것을 우리에게 주신다는 것을 깨달아야 합니다. 만일 믿음이 있다면, 우리는 모든 피조물에 고마움을 느껴야 하고, 그것들을 소중히 여기며, 하나님의 계획에 따라 우리를 도와 완전함으로 인도해 주는 그것들의 선한 뜻에 감사해야 합니다.

우리가 믿음의 생활을 쉬지 않고 계속한다면, 하나님과 우리의 교제가 중단되지 않을 것이며, 우리는 하나님과 대면하여 대화할 것입니다. 우리가 말할 때 공기가 우리의 생각과 말을 전달해주며, 우리의 행동과 고난은 하나님의 뜻의 표현을 전해 주는 매체가 될 것입니다. 다시 말해서 우리의 행동과 고난이 하나님의 말씀에 내용과 가시적인 표현을 제공해 줄 것이며, 우리에게 발생하는 모든 것이 거룩하고 탁월한 것으로 보일 것입니다. 영광중에 계신 하나님이 하늘나라에서 우리에게 이 연합을 주시겠지만, 세상에서도 믿음으로 그것을 누릴 수 있습니다. 이것들의 차이점은 그것이 우리에게 주어지는 방법에 있습니다.

믿음은 우리를 위해서 하나님을 설명합니다. 믿음의 빛이 없으면, 우리는 하나님이 말씀하고 계시다는 것조차 알지 못할 것이며, 피조물들의 혼란스럽고 무의미하고 허튼소리만 들을 것입니다. 모세가 떨기나무 속에서 불길을 보고 거기서 나오는 하나님의 음성을 들은 것처럼, 믿음은 우리가 하나님의 감추어진 표식을 이해할 수 있게 합니다. 그리하여 우리는 소란함과 무질서 속에서 하나님의 지혜의 사랑스러움과 완전함을 보게 될 것입니다.

믿음은 세상을 낙원으로 변화시킵니다. 믿음에 의해서 우리의 마음은 하늘나라로 들려 올려집니다. 순간순간이 우리에게 하나님을 계시해 줍니다. 현세에서 믿음은 우리의 빛입니다. 우리는 믿음에 의해서 보지 않고서도 진리를 알며, 느낄 수 없는 것과 접촉하며, 볼 수 없는 것을 인식하며, 피상적인 것들이 제거된 세상을 봅니다. 믿음은 하나님의 보물창고의 문을 엽니다. 그것은 하나님의 방대한 지혜를 여는 열쇠입니다. 믿음은 피조물의 허무함을 드러내며, 믿음에 의해서 하나님은 모든 곳에 분명히 현존하십니다. 믿음은 우리가 영원한 진리를 볼 수 있도록 휘장을 찢습니다.

우리 주위에는 온통 거짓되고 헛된 것들뿐입니다. 진리는 오직 하나님 안에만 있습니다. 하나님의 생각과 우리의 망상은 측량할 수 없이 멀리 떨어져 있습니다. 비록 이 세상의 모든 것이 그림자에 불과하며 신비한 것들은 오직 믿음으로 이해되어야 한다는 경고를 거듭 받지만, 우리는 여전히 고집스럽게 그것들을 본질적인 가치와 실체를 가진 것인 듯이 바라봅니다. 그 결과 우리에게는 모든 것이 수수께끼로 남습니다. 우리는 바보처럼 행동합니다. 우리는 만물의 원리, 근원, 그리고 기원을 응시해야 합니다. 그렇게 하면 모든 것이 초자연적인 특성, 즉 우리를 거룩함으로 인도해 줄 수 있는 신적인 것을 가지고 있음을 발견할 것입니다.

　모든 것은 완전한 것, 즉 예수 그리스도의 일부이며, 우리에게 발생하는 모든 일은 우리가 장차 살게 될 거룩한 예루살렘을 건축하는 데 사용될 돌입니다. 만일 우리가 보고 느끼는 것에 따라 살기를 고집한다면, 우리는 지적장애인처럼 어둠과 주마등처럼 변하는 광경으로 덮인 미로를 방황하게 될 것입니다. 우리는 믿음으로 하나님을 알아야 하며, 표면적이고 하찮은 것들을 무시하고 오직 하나님만을 위해 살 수 있어야 합니다.

~ 2 ~
종종 하나님의 뜻이 불쾌한 것인 듯이 보이지만,
믿음은 우리가 그것의 참모습을 보게 해 줍니다.

　믿음으로 생활하는 사람은 감각의 증거에만 의존하기 때문에 겉으로 보이는 모습 아래 감추어진 무한히 귀한 보물을 알지 못하는 사람들과는 판이하게 사물을 판단할 것입니다. 변장한 사람이 왕이라는 것을 아는 사람은 그를 평민으로 보는 사람과 아주 다르게 행동할 것입니다. 즉 왕에 걸맞게 대접할 것입니다. 만일 우리가 아주 하찮은 것이나 불행이나 재앙 속에서 하나님의 뜻을 본다면, 그 모든 것을 같은 즐거움과 기쁨과 존경심을 가지고 받아들일 것입니다. 우리는 사람들이 두려워하고 피하는 일을 공공연하게 영접할 것입니다. 평범한 사람들이 볼 때 입은 옷이 남루하고 초라한 사람이라도 우리는 그 밑에 숨겨진 왕의 위엄을 존중할 것이며, 우리의 왕이 비천하고 더 깊숙이 감추어질수록 왕에 대한 사랑이 더욱 깊어지는 것을 느낄 것입니다. 이처럼 능력이 감소하여 비천하고 가련한 하나님의 뜻을 받아들이는 심령의 느낌은 말로 묘사될 수 없습니다.

구유 안 건초 더미 위에 누워 보채는 하나님의 가난함을 보았을 때 마리아의 마음이 얼마나 감동하였을까요! 베들레헴 사람들에게 이 아기에 대해 어떻게 생각하는지 묻는다면, 그들이 어떻게 대답할지 알 수 있습니다. 만일 그 아기가 화려한 궁궐에서 태어났다면, 사람들은 서둘러 그분에게 가서 경의를 표하려 했을 것입니다. 마리아와 요셉, 동방박사들과 목자들에게 물어보십시오. 그들은 자기들이 이 완전한 가난 속에서 하나님의 영광과 매력을 증가시켜 주는 것, 말로 묘사할 수 없는 것을 발견한다고 말할 것입니다. 역설적으로 감각으로 경험할 수 없는 것이 우리의 믿음을 자극하고 증가시키고 풍성하게 해 줍니다. 우리는 적게 볼수록 더 많이 믿습니다.

사소한 일들 안에 있는 하나님의 뜻을 기꺼이 받아들이는 것, 십자가에 못 박히신 예수를 예배할 때보다 다볼 산의 예수님을 경모하는 것, 또는 남다른 환경을 통해서 표현된 하나님의 뜻을 받아들일 때 우리의 믿음이 더 튼튼하거나 더 선하다는 것이 증명되는 것은 아닙니다. 왜냐하면, 감각을 통해서 경험하는 것이 믿음과 상반되거나 믿음을 파괴하려 할 때에 우리의 믿음이 가장 생생하고 산 믿음이 되기 때문입니다. 감각과의 전쟁은 믿음에 승리를 가져다줍니다. 아주 작고 일상적인 일 속에서 큰일 안에서처럼 분명하게 하나님을 발견하려면 평범한 믿음과는 다른 믿음, 크고 특별한 믿음이 있어야 합니다.

현재의 순간에 만족한다는 것은 사건들이 밀려옴에 따라 우리가 행하고 견뎌야 하는 모든 일을 통해서 움직이는 하나님의 뜻을 기쁘게 여기고 경모하는 것입니다. 우리가 이렇게 행한다면, 하나님께서 우리를 치욕스러운 환경에 두시더라도 생생한 믿음은 우리가 하나님을 경모하게 할 것입니다. 그 무엇도 믿음의 예리한 시선으로부터 하나님을 감추지 못합니다. 우리의 감각이 "하나님은 없다"라고 주장한다면, 우리는 몰약 다발을 더욱 굳게 붙듭니다. 우리는 무엇에도 놀라지 않고 불쾌감을 느끼지 않습니다.

마리아는 제자들이 도망치는 것을 보았지만 십자가 밑에 머물러 있었습니다. 비록 상처를 입고 침 뱉음을 당해 흉한 모습이었지만, 마리아는 예수를 자기의 아들로 알고 있었습니다. 채

찍에 맞아 피가 흐르는 몸은 아들에 대한 그녀의 사랑과 경모를 더해 주었습니다. 사람들이 그를 모독하면 할수록 그녀는 그를 더 공경했습니다. 신앙생활이란 하나님을 감추고 변형시키고 파괴하고 죽이는 모든 것을 통해서 꾸준히 하나님을 찾는 것입니다. 마리아를 보십시오. 그녀는 마구간에서부터 갈보리에 이르기까지 멸시받고 거부당하고 박해받으신 하나님 가까이에 있었습니다.

신실한 영혼들도 이와 같습니다. 그들은 하나님의 뜻을 감추려 하는 일련의 베일과 그림자와 망상을 통과해야 하지만, 십자가에서 죽기까지 그 뜻을 따르고 사랑합니다. 그들은 자신이 그림자들을 버리며, 구름이 아무리 두껍고 어두워도 해가 뜰 때부터 질 때까지 그 뜻을 찬양하고 관상하는 충성스러운 심령을 조명해 주고 따뜻하게 해 주고 뜨겁게 해 주는 거룩한 태양의 뒤를 따라가야 한다는 것을 압니다. 그러므로 지칠 줄 모르는 행복하고 신실한 영혼들은 큰 걸음으로 하늘을 가로질러 가시는 사랑하는 분을 따라가야 합니다. 그분은 모든 것을 보십니다. 그분은 아주 작은 풀잎과 백향목 숲 위를 걸으시며, 산봉우리뿐만 아니라 모래알도 밟으십니다. 우리가 어디를 걷든지 그곳에 하나님이 계십니다. 끊임없이 하나님을 찾으면, 어디에서든지 그분을 발견할 것입니다.

믿음이 모든 피조물 안에서 하나님을 보여 줄 때 누리는 평안은 가장 놀라운 평안입니다. 어두운 것이 빛이 되고 쓴 것이 달콤해집니다. 믿음은 추한 것을 아름다운 것으로, 악의를 친절로 변화시킵니다. 믿음은 다정함과 신뢰와 기쁨의 어미입니다. 그것은 원수를 향한 사랑과 동정만을 느낍니다. 그것은 원수들에 의해서 매우 풍성해집니다. 왜냐하면, 우리를 대적하는 피조물들의 활동이 거칠수록 하나님은 그것을 우리 영혼에 더욱 유익하게 만드시기 때문입니다. 인간적인 도구는 우리를 해치려 하지만, 그것을 손에 쥐고 계시는 거룩한 기술자는 우리 영혼에 해를 끼칠 모든 것을 확실히 제거하십니다.

하나님의 뜻 안에는 순종하는 영혼을 위한 즐거움과 은총과 풍성한 부가 들어 있습니다. 그 뜻을 아무리 신뢰해도 지나치지 않으며, 또 그 뜻에 아무리 완전하게 자신을 맡겨도 지나치지 않습니다. 만일 우리가 모든 것을 하나님께 맡긴다면, 하나님이 우리의 거룩함을 위해 필요한 모든 일을 행하실 것입니다. 믿음은 이것을 의심할 수 없습니다. 우리의 감각이 자신을 신뢰하지 못하고 불쾌하게 여기고 낙심할 때에 믿음은 "하나님이 여기 계시다! 모든 것은 순조롭게 되어간다"라고 외칩니다. 믿음으로 극복하지 못할 것이 없습니다. 믿음은 아주 어두운 그림자들과 두꺼운 구름을 뚫고 진리에 이르고 그것을 포옹합니다. 믿음은 결코 진리와 떨어질 수 없습니다.

~ 3 ~
모든 순간에는 우리의 믿음과 사랑의 분량에 따라
주어진 보화가 가득 채워져 있습니다.

각각의 순간에 하나님의 뜻의 표식이 포함되어 있다는 것을 깨달을 수 있다면, 그 안에서 우리가 바랄 수 있는 온갖 것을 발견할 것입니다. 왜냐하면, 하나님의 뜻보다 더 합리적이고 탁월하고 거룩한 것은 없기 때문입니다. 시간, 장소, 또는 환경의 변화가 그 무한한 가치에 무엇을 더할 수 있습니까? 삶의 모든 순간 안에서 그것의 현존을 발견하는 비결을 배우는 사람은 매우 귀하고 가치 있는 모든 것을 소유한 셈입니다.

당신이 완전함을 추구하면서 원하는 것은 무엇입니까? 당신의 갈망에 한계를 두지 말고 내버려 두십시오. 내 말을 들어보십시오: 당신의 마음이 무한한 것을 요구하게 하십시오. 나는 당신의 마음을 채우는 방법을 말해 줄 수 있습니다. 어느 순간이든지 당신이 바랄 수 있는 모든 것을 발견하는 방법을 보여 줄 수 있습니다. 지금 이 순간에는 측량할 수 없이 많은 보화, 당신이 소유할 수 있는 것보다 훨씬 많은 보화가 넘쳐 흐르고 있습니다. 믿음이 그것을 당신에게 분배해 줄 것입니다. 당신이 믿는 만큼 주어질 것입니다.

사랑도 하나의 척도입니다. 많이 사랑하면 많이 원하고 많이 받을 것입니다. 매 순간 하나님의 뜻이 우리 마음의 갈망으로 결코 비워질 수 없는 큰 바다처럼 우리 앞에 펼쳐집니다. 우리 영혼이 믿음과 신뢰와 사랑 안에서 성장함에 따라 그 뜻이 점점 더 많이 우리의 것이 될 것입니다. 우리 마음은 하나님을 제외한 다른 모든 것보다 더 크기 때문에, 온 우주로도 우리 마음을 채우거나 만족하게 할 수 없습니다. 우리를 압도하는 산은 우리의 마음에서는 작은 낟알에 불과합니다. 우리는 삶의 모든 세목 밑에 감추어져 있는 것에 다가가야 합니다. 그러면 그곳에서 어떤 갈망보다 더 방대한 충만을 발견할 것입니다.

누구에게 아첨하지 말며, 망상을 품지 마십시오. 그것들은 우리를 위해 아무것도 해 줄 수 없습니다. 하나님의 뜻만이 우리를 만족하게 할 수 있습니다. 피상적인 것들을 모조리 버리고 하나님의 뜻만 경모하며 그것을 향해 나아가야 합니다. 피조물을 숭배하는 감각을 죽이고 파괴하며 감각의 매력을 벗겨 버리십시오. 그렇게 하면 당신은 믿음의 지배를 받을 것입니다. 감각에서 그 숭배하는 대상을 제거하십시오. 그리하면 감각은 버림받은 아이처럼 울겠지만 믿음은 승리할 것입니다. 왜냐하면,

그 무엇도 하나님의 뜻을 파괴할 수 없기 때문입니다.

공격받고 굶주리고 빼앗김을 당할 때 감각은 약해지지만, 믿음은 어느 때보다 더 강하고 생생해집니다. 견고한 성채의 사령관이 어떤 공격에도 아랑곳하지 않는 것처럼, 믿음은 감각의 중요성을 비웃습니다. 하나님의 뜻이 우리에게 알려지고 우리가 그 뜻에 자신을 맡길 때, 우리에게 강력한 도움이 주어질 것입니다. 그때 우리는 자신의 내면에 하나님이 임재하시는 기쁨을 알게 될 것이며, 하나님의 뜻에 자신을 맡기는 분량에 비례하여 그만큼 더 강력한 기쁨을 맛볼 것입니다.

~ 4 ~

성경과 역사에서 발생한 사건에서 알 수 있듯이 하나님은 가장 흔한 사건을 통해서 신비하고 참되고 찬양할 만한 방식으로 자신을 계시하십니다.

기록된 하나님의 말씀에는 신비가 가득하며, 세상에서 발생하는 사건들 안에 표현된 말씀에도 신비가 가득합니다. 이 두 종류의 책은 봉인되었으며, 이에 대해서 "율법 조문은 죽이는 것이요"(고후 3:6)라는 말을 적용할 수 있습니다. 하나님은 믿음의 중심이요, 믿음은 그림자들의 심연입니다. 그림자들은 신적인 작용을 가립니다. 하나님의 말씀과 사역은 구름에 가려진 태양에서 나오는 빛과 같습니다. 우리 육신의 눈은 자연의 태양과 그 빛을 볼 수 있지만, 하나님과 그의 사역을 보려 할 때 사용되는 영혼의 눈은 닫혀 있습니다. 빛이 아닌 어둠이 있습니다. 지식은 무지이며, 우리는 이해력이 없으면 보지 못합니다.

성경은 신비하신 하나님의 신비한 말씀이요, 역사의 사건들은 이 숨겨진 미지의 하나님의 불가해한 말씀입니다. 그것은 어둠과 그림자들의 바다에서 떨어진 물방울들입니다. 모든 물방울과 작은 시내는 그 원천의 흔적들을 운반합니다. 천사들과 아담의 타락, 족장 시대 사람들이 홍수 전후에 경건하지 못했고 우상을 숭배한 것(이들은 창조 이야기 및 홍수 때에 세상이 보존된 이야기를 알고 있었으며 자녀들에게 그 이야기를 해 주었습니다) 등은 성경에서 가장 신비한 기사들입니다. 또 메시아가 오시기 전까지 세상에 불의가 성행했고, 신자들의 작은 무리는 항상 학대와 박해를 받았으며 전반적으로 믿음이 상실되었음에도 우상을 숭배하지 않은 소수의 무리가 있었습니다.

예수 그리스도가 어떤 대접을 받았는지 생각해 보십시오. 계시록의 재앙들을 생각해 보십시오. 그것들은 하나님의 말씀입니다. 그것들은 하나님께서 계시하신 것입니다. 이 무서운 신비들의 결과는 종말에 이르기까지 계속될 것입니다. 그것들은 하나님의 지혜와 능력과 선하심을 가르쳐 주는 살아 있는 말씀입니다. 이 하나님의 속성들은 역사의 모든 사건에 의해 분명히 드러납니다. 만물이 이 진리를 가르쳐주고 있으며 우리는 그것을 믿어야 함에도, 안타깝게도 우리는 그것을 깨닫지 못하고 있습니다.

하나님께서 이슬람교도들과 이단자들이 활동하는 것을 허락하시는 이유는 무엇입니까? 그들이 하나님의 무한한 완전하심을 선포하기 때문입니다. 이것이 바로를 비롯하여 그의 본보기를 따른 경건하지 못한 사람들의 유일한 목적입니다. 이러한 역사적인 사실들과 인물들을 일반적인 방법으로 바라보아서는 안 됩니다. 이러한 사건들 안에서 하나님의 신비를 보려면, 눈을 감고 추론을 멈추어야 합니다.

주님, 당신은 역사의 큰 사건들을 통하여 모든 사람에게 말씀하십니다. 모든 변혁은 주님의 신비한 활동에 대해 질문하는 사람들의 정신 안에 태풍과 폭풍을 일으키는 섭리의 파도입니다. 주님은 순간순간 각 사람에게 발생하는 일을 통해서 그들에게 말씀하십니다.

그러나 사람들은 이 모든 일들 안에서 하나님의 음성을 듣거나 그 말씀의 신비한 점을 공경하지 않으며, 그 안에서 오직 유형적인 사건들, 우연이나 순수한 인간적인 활동의 결과만을 봅니다. 그들은 모든 일에 트집을 잡으며, 이 끊임없는 하나님 말씀의 표현을 바꾸기를 원하며, 스스로 절대적인 자유를 부여하여 온갖 종류의 지나친 행위를 범합니다. 또 그러한 행위가 성경에 기록된 구두점 하나만 포함하고 있어도 엄청난 불법 행위로 간주하려 합니다. 그들은 "그것은 하나님의 말씀이며, 말씀 안에 있는 모든 것이 거룩하고 참되다"라고 말합니다. 그들은 그것을 이해하지 못할수록 그만큼 더 그것을 존숭하며 하나님의 지혜의 깊음을 경모합니다. 이것은 매우 옳고 적절한 일입니다.

그러나 하나님께서 매 순간 종이에 쓴 글씨가 아니라 순간순간 우리에게 임하고 우리가 행하는 것에 의해 말씀하실 때에도 하나님께 동일한 주의를 기울여야 하지 않을까요? 이 모든 일 안에서 하나님의 진리와 선하심을 존숭해야 하지 않을까요? 그러나 우리는 무엇에도 만족하지 않으며, 모든 일에 비판적입니다. 우리는 믿음으로만 측량할 수 있는 것을 감각과 이성으로 판단하고 있습니다. 우리는 믿음의 눈으로 성경에 기록된 하나님의 말씀을 읽어야 합니다. 하나님의 행동 안에서 우리에게 다가오는 것을 믿음의 눈이 아닌 다른 눈으로 읽는 것은 잘못된 일입니다.

~ 5 ~

> 하나님은 계속 우리의 마음에 말씀을 기록하시지만, 그 글자들은 심판 날이 되기 전에는 보이지 않을 것입니다.

사도 바울은 "예수 그리스도는 어제나 오늘이나 영원토록 동일하시니라"라고 말합니다(히 13:8). 예수 그리스도는 세상을 창조할 때부터 모든 인간의 영혼 안에 살아 계시며, 우리가 살아 있는 동안 내내 우리의 내면에서 일하십니다. 세상의 시작에서부터 종말에 이르는 모든 세월은 단 하루에 불과합니다. 예수는 세상이 있기 전에 살아 계셨고 지금도 살아 계십니다. 그분은 자기 자신 안에서 끝나지 않은 삶을 시작하셨고 성도들 안에서 그 삶을 계속하십니다.

모든 시대를 포용하고 초월하는 예수의 삶! 매 순간 새로운 활동을 만들어 내는 삶! 만일 예수께서 말씀하시고 행하신 모든 것, 그리고 그의 내면생활의 모든 작용을 온 세상이 보존할 수 없다면, 만일 그분의 지상 생활의 첫 시간이 그리 알려지지 않지만 매우 유익한 것이었다면, 끝없이 놀라운 일들을 펼치고 전개하는 예수 그리스도의 신비한 생활에 대한 상세한 이야기를 하려면 얼마나 많은 복음서가 필요하겠습니까? 엄격히 말해서 역사 전체가 하나님의 활동에 대한 이야기입니다.

성령은 이 방대한 시간의 흐름 중에서 몇 순간을 기록해 오셨습니다. 그분은 성경 안에 이 시간의 바다에서 취한 몇 개의 물방울을 수집해 놓으셨고, 예수 그리스도를 세상에 출현하게 하신 미지의 방법을 우리가 볼 수 있게 하셨습니다. 우리는 혼란스러운 인류의 부족들 가운데서 이 아기의 혈통, 종족, 그리고 가계도를 추적할 수 있습니다. 구약성경은 무수히 많은 신비한 궤적들을 보여 주는 작은 도표이며, 우리를 예수에게 인도해 주는 데 필요한 것 외에 다른 것이 그 안에 담겨 있지 않습니다. 성령은 다른 모든 것을 그의 풍성한 지혜 가운데 감추어 두셨습니다. 그분은 자신의 활동의 방대한 바다에서 작은 실개울만 흘러나가는 것을 허락하십니다. 그 개울은 예수님에게 도착한 후 사도들 안에서 상실되며 묵시록 안에 삼켜집니다.

그러므로 종말이 오기 전에는 선한 사람들의 영혼 안에서 이루어지는 예수님의 활동에 대한 나머지 이야기는 믿음에 의해서만 알려질 수 있습니다. 우리는 지금 믿음의 시대에 살고 있습니다. 성령은 우리의 마음에만 복음을 기록하십니다. 우리가 매 순간 행하는 것은 이 성령의 새로운 복음을 실천하는 것입니다. 만일 우리가 거룩하다면 우리는 종이요, 우리의 고난과 행동은 잉크입니다. 성령의 사역은 펜입니다. 그분은 그것으로 살아 있는 복음을 기록하십니다. 그 책은 마지막 영광의 날에 인쇄가 끝나야만 읽힐 것입니다.

지금도 성령께서 기록하고 계시는 그 책은 얼마나 훌륭한 책일까요! 지금도 그 책은 인쇄 중입니다. 조판을 하고 잉크를 바르고 인쇄기로 찍어 내지 않는 날이 하루도 없습니다. 그러나 우리는 믿음의 빛 가운데 머뭅니다. 종이는 잉크보다 더 검고, 활자는 뒤죽박죽되어 있습니다. 그 언어는 이 세상의 것이 아니며, 우리는 아무것도 이해하지 못합니다. 장차 하늘나라에서만 그것을 읽을 수 있을 것입니다. 만일 우리가 동료 인간들의 겉모습만 보는 것이 아니라 그들의 본질을 보며, 그들의 내면에서 하나님이 어떻게 작용하시는지를 파악한다면, 하나님 활동의 복합성을 어느 정도 이해할 수 있을 것입니다. 그러나 여기에 어려움이 있습니다. 문자들이 알지 못하는 것이며 매우 다양하고 뒤집어져 있으며 페이지들이 잉크로 얼룩져 있다면, 어떻게 그 책을 읽겠습니까?

26개의 활자를 배열함으로써 얼마나 다양한 가치 있는 책들이 만들어지는지 생각해 보십시오. 우리는 이 놀라운 일을 이해할 수 없습니다. 하물며 하나님이 우주 안에서 행하시는 일을 어찌 이해할 수 있겠습니까? 하나하나의 문자가 자체의 특별한 의미를 지니며, 그 작은 형태 안에 심오한 신비를 포함하고 있는 방대한 책을 어떻게 읽고 이해할 수 있겠습니까? 우리는 이러한 신비들을 볼 수도 없고 느낄 수도 없습니다. 그것들은 믿음으로만 알 수 있습니다.

믿음은 그 신비들이 얼마나 참되고 선한 것인지 그것들의 기원에 의해서 판단합니다. 이 신비들은 매우 모호하기 때문에 우리의 이성으로는 전혀 이해할 수 없습니다.

성령이여, 이 생명의 책을 읽는 법을 가르쳐 주십시오! 나는 당신의 제자가 되며 어린아이처럼 보이지 않는 것을 믿기를 간절히 원합니다. 나는 주께서 말씀하시는 것으로 만족합니다. 그분은 말씀하시고 설명하시며, 책의 문자들을 배열하시고 이해할 수 있게 하십니다. 나에게 필요한 것은 그것뿐입니다. 이유는 알 수 없지만, 나는 모든 것이 그분이 말씀하신 것과 똑같다고 확신합니다. 나는 그분이 진리이시며, 진리만 말씀하신다는 것을 압니다. 그분은 문자들을 조합하여 단어를 만드십니다. 필요 이상의 문자들을 조합하면 의미가 통하지 않을 수 있습니다. 어쨌든 그분만이 사람들의 생각을 아시며 문자들을 조합하여 단어를 만드실 수 있습니다.

모든 것이 중요하며, 모든 것이 완전한 의미를 이룹니다. 하나의 행은 그분이 원하시는 곳에서 끝납니다. 하나의 쉼표도 모자람이 없고, 구두점이 지나치게 많지도 않습니다. 영광의 날의 동이 틀 때 많은 신비의 비밀들이 나에게 보일 것이며 나는 세상에 사는 동안 지녔던 지식이 얼마나 불완전한 것이었는지 깨달을 것입니다. 지금 내가 볼 때 아주 혼란스럽고 일관성이 없고 어리석고 공상적인 것들이 그때에는 질서와 아름다움과 지혜와 불가해한 이적들로 나를 즐겁고 황홀하게 해 줄 것입니다.

~ 6 ~
종종 신자들은 날마다 나타나는 하나님의 사역을
대할 때 유대인들이 예수 그리스도를 대했던 식으
로 다룹니다.

세상에는 불신앙이 팽배합니다. 많은 사람이 하나님에 대해 합당하지 못하게 말하며, 무능한 일꾼을 대할 때도 하지 않는 방식으로 끊임없이 그분의 행동을 헐뜯습니다. 우리는 자신의 제한된 이성이 합당하다고 여기는 규칙과 한계에 일치하도록 그분의 사역을 제한하려 합니다. 우리는 이러한 태도를 개선하려고 노력하면서도만 실제로는 불평과 불만만 늘어놓습니다. 그런데도 우리는 유대인들이 예수 그리스도를 다룬 방식에 놀랍니다! 하나님의 사랑, 그분의 훌륭한 뜻, 실수가 없는 행동 등을 생각할 때에 그분이 어찌 그러한 대접을 받았는지 믿을 수 없습니다.

하나님의 뜻이 어찌 비합리적일 수 있습니까? 그것이 어찌 그릇된 것일 수 있습니까? 그런데도 우리는 "이것은 내 일이다. 나에게는 이것이 필요하다. 내가 원하는 것은 나에게서 취한 것이다. 내 이웃은 내가 원하는 선한 일을 방해하고 있다. 이것은 아주 불합리한 일이 아닌가? 설상가상으로 나는 건강해야 할 때 병이 들었다"라고 말합니다.

우리에게 필요한 것은 하나님의 뜻뿐이며, 하나님의 뜻에 따라 주어진 것이 아닌 것은 우리에게 전혀 소용이 없습니다. 우리에게는 부족한 것이 전혀 없습니다. 만일 우리가 장애물, 격변, 무의미한 소동, 지루하고 성가신 일이라고 여기는 경험이 실제로 어떤 것인지 안다면 대단히 부끄러울 것입니다. 그것들에 대한 우리의 불평이 하나님을 모독하는 말과 다름없음을 깨달을 것입니다. 우리에게 임하는 모든 것은 하나님의 뜻에 따른 것입니다. 그런데도 사랑하는 자녀들은 제대로 알지 못하기 때문에 그것을 저주합니다.

예수님, 당신께서 세상에 사실 때 유대인들은 당신을 귀신 들린 사람이나 사마리아인으로 여겼습니다(요 8:48). 오늘 우리는 당신의 훌륭하신 뜻을 어떻게 여기고 있습니까? 항상 찬양과 존귀를 받으시기에 합당하신 당신을 어떻게 생각합니까? 세상이 창조될 때부터 지금까지, 또는 종말에 이르기까지 하나님의 거룩한 이름이 찬양을 받기에 합당하지 못한 순간이 한순간이라도 있었습니까? 그것은 모든 세대에, 그리고 그 세대의 모든 순간에 발생하는 모든 일을 통해서 반향을 일으키는 이름입니다. 그것은 만물을 거룩하게 만듭니다. 하나님의 뜻이 우리를 해칠 것이라고 상상할 수 있습니까? 내가 그분의 이름을 두려워하거나 그 이름을 피하여 도망쳐야 합니까? 나를 향한 하나님의 행위를 두려워한다면, 어디에서 그보다 더 좋은 것을 발견할 수 있겠습니까? 결국, 그것은 하나님의 거룩한 뜻의 작용입니다.

인생의 순간순간 마음속 깊은 곳에서 우리에게 말씀하시는 하나님의 음성을 들으려면 어떻게 해야 합니까? 우리는 정상적인 감각과 사고력을 가지고 있습니다. 그러나 그것들이 하나님 말씀의 진리와 선하심을 이해하지 못하면 어찌합니까? 그 이유는 그것들이 너무 약해서 거룩한 진리에 대처하지 못하기 때문이 아닙니까? 우리의 이성이 하나님의 신비 때문에 당황하는 것이야말로 우리가 놀라야 할 일이 아닙니까?

하나님은 신비한 단어를 사용하여 말씀하시는데, 그것이 우리의 감각과 지력을 파괴하기 때문에 이성적인 존재인 우리에게는 치명적인 타격입니다. 이 신비들은 마음을 소생시키지만, 다른 부분을 당황하게 만듭니다. 하나님은 같은한 공격으로 생명을 죽이기도 하시고 주기도 하시지만, 죽음의 고통이 예리할수록 그만큼 더 강력하게 생명이 영혼 속으로 흘러 들어갑니다. 신비는 어두울수록 더 밝게 우리를 조명해 줍니다. 그러므로 단순한 영혼은 전혀 하나님이 나타나지 않을 것처럼 보이는 곳에서 하나님을 발견합니다. 믿음의 생활을 원한다면, 끊임없이 감각에 맞서 싸워야 합니다.

~ 7 ~
하나님의 사랑은 모든 피조물을 통해서 우리에게
임하지만 복된 성례전 안에 감추어져 있습니다.

크고 많은 진리가 우리에게 감추어져 있습니다. 하나님은 복된 성례전의 신비 안에서 우리에게 오시며, 우리가 견뎌야 하는 온갖 고통스러운 시련과 영의 충동이 우리에게 하나님을 가져다줍니다. 이보다 더 분명한 것은 없습니다. 이성과 믿음은 모든 피조물과 사건 안에 하나님의 사랑이 현존한다고 말해 줍니다. 예수 그리스도와 교회도 하나님의 거룩한 몸과 피가 성찬 안에 현존한다고 가르쳐 줍니다. 하나님의 사랑은 세상에 있는 모든 것, 하나님이 지으시고 정하시고 허락하신 모든 것을 통해서 우리와 결합하기를 원합니다. 이것이 그분의 지고한 목적이며, 이것을 성취하기 위해서 그분은 가장 선한 피조물과 가장 악한 피조물, 가장 불쾌한 사건과 가장 기분 좋은 사건을 사용하십니다.

선택된 수단이 불쾌한 것일수록, 그것을 받아들이는 것이 우리에게 큰 공적이 됩니다. 그러므로 우리 삶의 모든 순간이 그분의 사랑과의 교제, 우리 영혼 안에서 하나님 아들의 살과 피와 함께 받는 것과 비슷한 열매를 만들어 낼 수 있습니다. 후자는 전자가 갖지 못하는 성례전적인 능력을 소유합니다. 그러나 우리는 전자를 더 자주 경험할 수 있으며, 우리의 성향이 완전함을 향해 발달함에 따라서 그 공적이 끊임없이 증가합니다.

가장 거룩한 삶은 매우 단순하고 비천하므로 신비합니다. 우리의 삶은 끝없이 즐거운 축제입니다. 하나님은 화려하지도 않고 요란하지도 않게, 연약하고 어리석고 무가치한 것 밑에 감추어진 상태로 끊임없이 자신을 주시며 우리는 그분을 받습니다. 그분은 우리의 본성적인 느낌이 멸시하는 것, 우리의 인간적인 지혜가 거부하는 것을 선택하십니다. 하나님은 이처럼 버림받은 것들로 사랑의 기적을 만드시며, 우리가 하나님을 발견할 수 있다고 믿을 때마다 자신을 계시해 주십니다.

~ 8 ~
매 순간 드러나는 것들은 우리를 위한 개인적인 의미를 지니기 때문에 무한히 귀한 것입니다.

우리는 하나님이 특별히 우리에게 하시는 말씀에 의해서만 제대로 가르침을 받습니다. 책이나 역사 탐구는 하나님의 지혜에 대해 가르쳐 주지 않습니다. 그것들은 우리에게 무익하고 얼빠진 지식을 채워 주어 교만하게 만들 것입니다. 순간순간에 발생하는 것은 우리를 비추어 주고, 예수께서 공생애를 시작하시기 전에 획득하신 실질적인 지식을 제공해 줍니다. 그리스도는 하나님으로서 이미 모든 지혜를 소유하고 계셨지만, 복음은 그분의 "지혜가 자랐다"라고 말합니다(눅 2:52). 하나님이 우리에게 보내시는 사람의 마음을 감동하게 하시기를 원한다면, 경험을 통해서만 임하는 이 지식이 절대적으로 필요합니다. 겪고 행한 경험을 통해서 배운 것이 없으면, 우리는 아무것도 완전하게 이해할 수 없습니다.

우리의 교사는 성령이십니다. 성령이 우리에게 이 생명의 말씀을 주십니다. 우리가 사람들에게 하는 말은 그분에게서 나오는 것이어야 합니다. 우리가 경험의 지도를 받아 읽고 공부하는 모든 것이 열매를 맺고 분명하고 효과적인 것이 됩니다. 그것이 없으면 우리는 소금이나 누룩이 없는 반죽과 같고, 우리의 생각은 모호하고 잘못된 방향을 향합니다. 우리는 지리를 잘 알면서도 집에 갈 때 길을 잃는 정신 없는 사람과 같습니다. 그러므로 이 실질적인 덕의 신학에 조예가 깊은 사람이 되려면 매 순간 하나님의 음성을 경청해야 합니다. 다른 사람에게 말해진 것에 주목하지 마십시오. 오직 당신을 위해서 당신에게 주어진 말만 경청하십시오. 이 의사소통이 당신의 믿음을 튼튼하게 하고 연단하고 정화하고 깊게 할 것입니다.

~ 9 ~
이 순간은 영원히 흐르는 거룩함의 원천입니다.

목마르십니까? 생명수의 샘을 찾으러 멀리 갈 필요가 없습니다. 그것은 매 순간 우리 가까이에서 솟아오릅니다. 갈증을 해소해 주지 못할 작은 시내를 지칠 때까지 찾아다니는 것은 어리석은 일입니다. 끊임없이 물이 솟아나는 샘만이 우리를 만족하게 할 수 있습니다. 선지자와 사도들과 성인들처럼 생각하고 글을 쓰고 살기를 원하십니까? 그렇다면 그들처럼 하나님의 감동하심에 복종하십시오.

알려지지 않은 사랑이시여! 당신의 이적은 모두 끝났으며, 이제는 당신이 하신 옛일들을 모방하고 과거에 당신이 하신 말을 반복하는 일만 남은 것처럼 보입니다. 우리는 당신의 활동이 다함이 없다는 것, 그리고 그것이 새로운 생각과 고난과 행동의 원천, 자기 시대 이전에 기록되거나 행해진 것을 모방할 필요가 없이 당신의 은밀한 인도하심에 끊임없이 자신을 맡기면서 살아가는 새로운 족장들과 사도들과 성인들의 원천이라는 것을 알지 못합니다. 우리는 항상 "초대 시대"와 "성인들의 시대"에 대한 이야기를 듣습니다.

하나님의 뜻이 이 시대를 포함하여 모든 시대 안에서 매 순간 역사하면서 각 순간을 거룩하게 하고 초자연적인 특성을 부여한다는 것을 알아야 합니다. 옛날에 하나님의 뜻에 자신을 맡기는 비밀 방법이 있었다고 상상할 수 있습니까? 초대 시대의 성인들이 순간순간 하나님의 뜻에 복종하는 것 외에 다른 비결을 가지고 있었습니까? 하나님을 완전히 의지하는 모든 영혼에 하나님이 세상이 끝날 때까지 은혜를 부어 주시지 않겠습니까?

영원하고 효과적이고 놀라운 사랑이시여! 당신은 나에게 필요한 모든 지식과 학식을 주십니다. 당신은 내가 생각하고 말하고 행동하고 겪는 모든 것을 알아채십니다. 나는 당신이 과거에 행하신 일들을 연구함에 의한 것이 아니라 매사에 당신을 영접함으로써 당신이 원하는 존재가 될 것입니다. 나는 조상들의 옛 길을 따름으로써 조명을 받을 것이며, 그들처럼 생각하고 말할 것입니다. 이런 식으로 그들을 모방하고 인용하고 본받으려 합니다.

- 10 -
모든 순간이 하나님의 이름과 그 나라의 도래를 드러냅니다.

우리가 살아가는 순간순간은 하나님의 뜻을 선포하는 사신과 같고, 우리의 마음은 항상 그를 환영한다는 것을 표현합니다. 우리의 영혼은 결코 멈추어 서지 않고 바람이 불어도 꾸준히 앞으로 나아갑니다. 무한한 것을 향해 가는 항해에서 조류와 기술은 우리를 계속 앞으로 몰아갑니다. 모든 것이 이 목적을 위해 일하며, 우리가 거룩함을 향해 가도록 도와줍니다. 우리는 기도해야 하는지 침묵해야 하는지, 은거해야 하는지 사람들과 섞여 살아야 하는지, 책을 읽어야 하는지 글을 써야 하는지, 묵상해야 하는지 머리를 비워야 하는지, 영성에 관한 책들을 피해야 하는지 열심히 찾아야 하는지 등에 대해 걱정할 필요가 없습니다. 그리고 가난이나 부유함, 질병이나 건강, 생명이나 죽음 등이 전혀 문제가 되지 않습니다. 하나님의 뜻에 따라 매 순간이 만들어 내는 것이 중요합니다.

하나님의 뜻에 완전히 복종하고 하나님을 기쁘시게 하려면, 자신을 벌거벗기고, 피조물을 향한 욕망을 철저히 버리고, 우리 자신에 속한 것이나 우리를 위한 것을 보유하지 말아야 합니다. 우리는 이 순간 너머에는 기대할 것이 전혀 없는 듯이 이 순간에 사는 데 만족해야 합니다.

하나님께 맡겨진 영혼에 발생하는 것이 그에게 필요한 것이라면, 그 영혼은 불평하지 않을 것이며 그에게 부족한 것이 있을 수 없습니다. 만일 그가 불평하거나 부족함을 느낀다면, 그것은 그에게 믿음이 부족하며 이성과 감각의 증언에 비추어 살아가고 있다는 것을 보여 주는 것입니다. 이성이나 감각은 은혜가 충분하다는 것을 알지 못하기 때문에 결코 만족하지 못합니다. 성경에 의하면, 하나님의 이름을 거룩히 여기는 것은 그분의 거룩함을 인정하며 매사에 그것을 하나님의 입에서 나오는 말처럼 여겨 사랑하고 경모하는 것입니다. 매 순간 하나님이 지으시는 것은 하나의 사물에 의해 표현되는 거룩한 생각이며, 따라서 이 모든 것들은 하나님께서 자기의 소원을 알리시는 데 사용되는 이름이요 단어들이기 때문입니다. 하나님의 뜻은 하나이며 말로 표현할 수 없고 알려지지 않은 명칭을 지니지만, 그 결과는 무한히 다양합니다.

하나님의 이름을 거룩히 여긴다는 것은 그 이름을 지닌 존재를 알고 예배하고 사랑하는 것입니다. 또한, 매 순간 하나님의 뜻 및 그것이 행하는 모든 것을 알고 예배하고 사랑하며, 발생하는 모든 것은 항상 작용하는 이 지극히 거룩하고 영원한 뜻을 덮고 있는 베일이요 그림자요 이름이라고 간주하는 것입니다. 그것이 행하는 모든 것이 거룩하며, 말하는 모든 것이 거룩하고, 나타내는 모든 것이 거룩하며, 지니는 모든 이름이 거룩합니다.

그러므로 욥은 하나님의 이름을 송축했습니다. 이 거룩한 사람은 자기에게 닥친 철저한 고독이 하나님의 뜻을 나타내기 때문에 그것을 찬양했습니다. 그는 자신의 몰락을 하나님의 이름 중 하나로 간주하고 찬양하면서, 비록 끔찍한 이름이나 형태로 나타나는 것이지만 그 밑에는 항상 거룩한 것이 있다고 선포했습니다. 다윗도 끊임없이 하나님의 이름을 송축했습니다. 이렇게 만물 안에 드러나고 계시된 하나님의 뜻을 우리가 끊임없이 인정할 때 하나님이 우리 안에서 다스리시고, 하나님의 뜻이 하늘에서 이루어진 것처럼 땅에서도 이루어지며, 하나님이 끊임없이 우리를 양육해 주십니다.

자신을 하나님의 뜻에 완전히 맡긴다는 것의 의미가 예수 그리스도께서 가르쳐 주신 기도 안에 포함되어 있습니다. 우리는 하나님과 교회의 명령에 따라 자주 그 기도를 드립니다. 우리가 기꺼이 고난을 겪으며 하나님의 선하신 뜻에 순종하려 한다면, 마음속 깊은 곳에서 끊임없이 기도를 드리게 될 것입니다. 우리가 입으로만 기도할 수 있을 때 우리 마음은 순간적으로 말할 수 있으며, 단순한 영혼들은 그 영혼의 깊은 곳에서 이런 방법으로 하나님을 송축하라는 부름을 받습니다. 그러나 하나님께서 너무 많은 것을 주시기 때문에 그에 대처할 수 없으므로, 그들은 자신이 원하는 만큼 많이 하나님을 찬양할 수 없다고 불평합니다. 하나님의 지혜는 은밀하게 작용하면서 감각을 무력하게 만들고 마음속에 보화를 넣어 줍니다. 그리하여 보화는 흘러넘치고, 감각은 비워지고 고갈됩니다.

매 순간 발생하는 사건에는 하나님의 뜻이 새겨져 있습니다. 하나님의 이름은 매우 거룩합니다. 그 이름을 송축하며, 또 그것이 만지는 모든 것을 거룩하게 한다고 여겨야 합니다. 그 이름을 지니면서 무한한 사랑을 나타내지 않는 것이 있습니까? 그것은 하늘로부터 오는 거룩한 사랑이며, 쉬지 않고 증가하는 은혜를 우리에게 줍니다. 그것은 하늘에서는 물론이요, 땅에서도 먹은 천사들의 떡입니다. 모든 순간에는 거룩한 나라와 천사들이 먹은 양식이 들어 있으므로, 우리가 매 순간을 보내는 것은 결코 하찮은 일이 아닙니다.

오 주님, 내 마음을 다스리시고 양육하시고 깨끗하게 하시고 거룩하게 하여 원수를 이기고 승리할 수 있게 하여 주옵소서. 지극히 귀중한 순간이여! 육신의 눈으로 볼 때는 아주 작은 것처럼 보이지만 믿음의 눈으로 볼 때는 얼마나 위대한 순간입니까! 하늘 아버지께서 귀히 여기시는 것을 내가 어찌 무가치하게 여길 수 있겠습니까? 아버지에게서 오는 모든 것은 매우 탁월하며 그 근원의 흔적을 담고 있습니다.

~ 11 ~

> 하나님의 활동은 영혼을 감화하여 가장 높은 단계의 거룩함을 추구하게 합니다. 영혼에 요구되는 것은 이 활동에 자신을 완전히 맡기는 것입니다.

많은 사람은 하나님의 활동을 어떻게 이용하는지 알지 못하기 때문에 거룩함에 이르기 위해서 지나치게 많은 수단을 의지합니다. 이러한 수단들이 하나님이 정하신 것이라면 유익할 수 있지만, 영혼과 하나님과의 단순하고 솔직한 연합을 방해할 경우에는 해롭습니다. 예수님이 우리의 주인이시건만, 우리는 그분에게 충분한 주의를 기울이지 않고 있습니다. 그분은 모든 심령에 생명의 말씀, 우리 각 사람에게 필요한 말씀을 하시지만, 우리는 그 말씀에 귀를 기울이지 않습니다. 우리는 그분이 사람들에게 하신 말씀을 알고 싶어 하면서도 정작 우리에게 하시는 말씀에는 귀를 기울이지 않습니다.

우리는 하나님의 활동으로 초자연적인 특성이 사물에 주어졌다는 것을 보려고 노력하지 않습니다. 우리는 사물을 합당한 신뢰를 가지고 관대하고 열린 마음으로 받아들여야 합니다. 우리가 이런 식으로 그것들을 환영한다면, 그것들은 결코 우리에게 해를 끼칠 수 없습니다. 태초부터 세상 끝날까지 절대 변하지 않는 이 엄청난 하나님의 활동은 매 순간 솟아 나오며, 주저함이 없이 그 활동에 자신을 맡기고 그것을 사랑하고 경모하는 영혼에 힘차게 자신을 제공합니다.

당신은 하나님을 위해서 죽을 수 있으면 좋겠다고 말합니다. 그런 식으로 끝나는 삶이나 강력한 행동에서 기쁨을 발견하려 합니다. 당신은 모든 것을 잃고, 모든 사람에게서 버림을 받아 죽으며, 사람들을 위해 목숨을 버리기를 갈망합니다. 그러나 주님, 나는 오직 당신의 뜻만 찬양합니다. 그 뜻에 대한 순종이 순교와 엄격함과 이웃 사랑의 기쁨을 줍니다. 나는 주님의 뜻만으로 충분하며, 그 뜻이 정하신 대로 기쁘게 살다가 죽겠습니다. 나는 그 뜻이 행하는 것과 상관없이 그 뜻에 만족하고 거기서 기쁨을 느낍니다. 그 때문에 나는 일평생 천국에서 사는 것 같습니다. 나의 순간순간은 주님 활동의 일부이며, 살든지 죽는지 이보다 더 큰 행복을 알지 못합니다. 나는 이제 주님이 어떤 방법으로 얼마나 자주 오시는지 계산하지 않겠습니다. 언제든지 주님을 환영하겠습니다. 주님의 위대하심을 계시해 주신 것이 하나님의 뜻인 듯합니다. 어제나 오늘이나 영원토록 동일한 그 뜻을 벗어나서는 나는 아무것도 할 수 없습니다.

주님, 끝없는 은혜의 시냇물을 주십시오. 그리하면 이제는 책이나 성인들의 삶이나 과장된 철학의 좁은 범주 안에서 주님을 찾으려고 노력하지 않을 것입니다. 이런 것들은 우리 모두를 덮고 흐르는 큰 바다의 물방울에 불과합니다. 하나님의 활동은 모든 것을 꿰뚫고 움직이며, 다른 모든 것은 그 안에서 사라지는 파편들에 불과합니다. 이제 나는 영적인 글에서 하나님의 뜻을 찾으려 하지 않겠습니다. 영혼의 양식을 얻기 위해서 이집 저집으로 구걸하며 다니지 않으며, 또 피조물에서 무엇을 구하려 하지도 않겠습니다.

사랑하는 주님, 무한히 지혜롭고 선하고 능력이 있으신 아버지의 아들이신 주님을 공경하며 살기로 작정합니다. 또 내가 믿는 바에 따라 살기로 작정합니다. 주님의 뜻이 항상 만물을 다스리며 항상 나에게 유익한 것이므로, 절대로 부족하지 않으며 항상 현존하며 나에게 가장 큰 유익을 줄 수 있는 이 큰 소득에 의지하여 살겠습니다. 하나님이 행하시는 일과 대등한 일을 할 수 있는 피조물이 있습니까? 하나님의 손이 나를 위해 모든 일을 행하시는데, 어찌 내가 무지하고 무력하며 나를 진정으로 사랑하지 않는 피조물에서 도움을 얻으려고 뛰어다니겠습니까? 하나님이 쏟아내시는 측량할 수 없이 흐르는 물줄기가 내 곁에 있음에도 불구하고 이 샘에서 저 샘으로, 이 개울에서 저 개울로 황급히 쫓아다닌다면, 나는 목이 말라 죽을 것입니다. 하나님 외에 다른 것을 바라볼 필요가 없습니다. 하나님은 나에게 먹을 빵을 주시고, 씻을 비누를 주시고, 정화의 불을 주시며, 나의 인간적인 형태를 하늘나라에 맞게 만드는 데 필요한 끌을 주십니다. 하나님은 나에게 필요한 모든 것을 주십니다. 내가 다른 곳에서 추구하는 것들은 나와의 교제를 바라며, 피조물 전체를 통해서 나에게 자신을 제공합니다.

오, 사랑이여, 어찌하여 당신은 그처럼 알려지지 않으시며, 결코 당신을 만나지 못할 후미진 구석이나 어두운 곳에서 당신을 찾는 모든 사람에게 당신 자신과 모든 기쁨을 제공하십니까? 신선한 공기를 호흡하지 않고, 풍성한 물을 마시지 않고, 만물 안에서 하나님을 깨닫고 붙들며 그의 거룩함을 보지 못하는 사람은 참으로 어리석은 사람입니다.

사랑하는 형제여, 당신은 하나님께 속하기 위해 여러 가지 은밀한 길을 찾고 있지만, 길은 하나뿐입니다. 즉 하나님이 주시는 모든 것을 이용하는 것입니다. 모든 것이 당신을 하나님과의 연합으로 인도해 줍니다. 악한 것이나 의무가 아닌 것을 제외한 모든 것이 당신을 완전함에게로 인도해 줍니다. 모든 것을 받아들이고 하나님이 활동하게 하십시오. 모든 것이 당신을 지도하고 지원해 줍니다. 당신이 마차를 타고 가는 길가에는 깃발들이 세워져 있습니다. 모든 것이 하나님의 수중에 있습니다. 그분의 행동은 지구의 모든 요소, 공기, 그리고 물보다 더 방대하고 더 널리 미칩니다. 당신의 감각을 하나님이 지도하시는 대로 사용한다면, 감각을 통해서 그것이 당신에게 들어올 것입니다.

그러므로 감각을 하나님의 뜻을 거슬러 사용해서는 안 됩니다. 하나님의 활동은 당신 몸의 지극히 작은 부분, 골수에까지 침투합니다. 혈관을 흐르는 피도 하나님의 뜻대로만 움직입니다. 당신의 몸이 약하든지 튼튼하든지, 기력이 있든지 없든지 간에, 당신의 건강 상태, 살거나 죽는 것 등이 모두 하나님의 뜻에서 나옵니다. 육신의 상태는 은혜의 작용입니다. 당신의 감정과 생각도 하나님의 보이지 않는 손에서 나옵니다.

피조물은 하나님의 활동이 당신 안에서 무엇을 성취할 수 있는지 말해 주지 못하지만, 계속되는 경험이 그것을 가르쳐 줄 것입니다. 당신의 삶은 아무것도 하지 않고 오직 매 순간 발생하는 것을 사랑하고 소중히 여기며 그것이 당신에게 가장 좋은 것으로 생각하며 유익만을 주는 하나님의 활동을 철저히 신뢰해야 하는 이 깊이를 알 수 없는 심연을 끊임없이 흐르며 통과할 것입니다.

거룩한 사랑이시여, 당신에게 만족하는 영혼은 초자연적이고 장엄하고 상상할 수 없이 높은 곳에 오를 것입니다. 모든 것을 하나님의 인도하심에 맡긴 사람은 거룩함의 가장 높은 봉우리에 도달할 것입니다. 누구에게나 기회가 제공되므로 누구든지 이 일을 할 수 있습니다. 말하자면, 우리는 거룩함이 들어올 수 있도록 입을 열기만 하면 됩니다. 당신은 각각의 영혼을 위한 탁월한 거룩함의 독특한 본보기이십니다. 그들이 당신의 지치지 않는 활동으로 당신을 닮기를 기원합니다. 하나님의 인도하심에 따라 살고 행동하고 말하는 영혼은 다른 사람을 모방할 필요가 없을 것입니다. 각각의 영혼은 가장 평범한 수단에 의해서 독특하고 거룩한 존재가 될 것입니다.

주님, 내가 주는 것을 사람들이 소중히 여기게 하려면 어떻게 해야 합니까? 나에게는 모든 사람을 흠뻑 적셔 줄 수 있는 많은 물이 있습니다. 그런데도 나는 영혼들이 불모의 황무지에 사는 식물처럼 시들어가는 것을 봅니다.

신앙심이 없고 재능이 없고 무식하고 영성의 언어를 이해하지 못하며 유식한 사람들의 웅변에 감동하는 무식한 영혼이여,

내게 오면 이 영리한 사람들을 앞지를 수 있는 비결을 가르쳐 주겠습니다. 완전함을 성취하여 항상 그 가운데 있게 해 주겠습니다. 내가 말하는 대로 하는 순간부터, 나는 당신을 하나님과 연합하여 줄 것이며, 당신은 하나님과 손을 잡고 갈 것입니다. 영의 세계 지도를 연구하지 말고, 그것을 소유하여 길을 잃을 염려 없이 자유로이 그 세계를 걸어 다니십시오. 하나님의 은혜에 대한 기록을 연구하지 말고, 세월이 흐르는 동안 하나님의 은혜가 행해 온 것을 배우려 하지도 말며, 다만 그 작용을 신뢰하는 주체가 되십시오. 그것이 사람들에게 가르쳐온 교훈들을 이해할 필요가 없고, 그것들을 영리하게 반복할 필요도 없습니다. 당신에게는 오직 당신만을 위한 것을 가르쳐 주실 것입니다.

~ 12 ~

하나님의 활동만이 우리를 거룩하게 만들 수 있습니다. 이는 그것만이 우리가 주님의 완전함을 본받게 만들 수 있기 때문입니다.

우주 안에 있는 각각의 사물의 개념 안에 영원한 지혜가 담겨 있습니다. 세월이 흐름에 따라 하나님은 이러한 개념들과 생각들이 출현하는 것을 허락하십니다. 당신이 자신과 전혀 상관이 없는 개념들, 결코 당신에게 도움을 줄 수 없는 지식을 알고 있다고 가정해 보십시오. 그러나 하나님은 당신이 발전하기 위해서 따라야 하는 하나의 개념을 알고 계십니다. 하나님은 각 영혼의 성화에 필요한 모든 것을 알고 계십니다. 성경에 그 일부가 담겨 있으며, 영혼 안에서 이루어지는 성령의 사역은 당신을 위해 보존된 특별한 이상을 사용하여 나머지 일을 행합니다. 이 개념의 흔적을 받는 유일한 방법은 자신을 하나님의 수중에 두는 것입니다.

우리의 수고나 정신적인 노력은 전혀 쓸모가 없습니다. 영혼 안에서 이루어지는 이 사역은 영리함이나 사고력, 또는 예리한 통찰력에 의해서 성취될 수 없으며, 오직 우리 자신을 하나님의 활동에 완전히 맡기며, 마치 틀에 부어 넣은 금속 용액이나 화가의 붓을 기다리는 캔버스나 조각가의 손을 기다리는 대리석처럼 됨으로써만 성취될 수 있습니다. 수세기를 거쳐 내려오는 동안 행해진 하나님의 신비한 행동들을 모두 이해하려고 노력해도 영원하신 지혜가 우리에게 소유하기를 원하시는 형상을 취할 수 없을 것입니다. 우리는 이성의 수고에 의해서가 아니라 우리의 뜻을 하나님께 맡김으로써만 영혼에 하나님의 인(印)을 받을 수 있습니다.

평범한 영혼은 자신에게 적합하다고 알고 있는 것에 만족하며, 자신을 위해 정해진 경계를 넘어가려 하지 않습니다. 그는 하나님이 행동하시는 방법에 대해 알려 하지 않습니다. 그는 하나님의 뜻에 기꺼이 복종하며, 결코 그 의도를 알아내려 하지 않습니다. 그는 매 순간이 말해 주는 것만을 알려 하며, 마음 깊은 곳에서 하나님이 말씀하시는 것을 경청하며, 다른 사람에게 무슨 말을 했는지 질문하지 않습니다. 그는 자신이 받은 것에 완전히 만족하며, 무의식적으로 성장하여 점점 더 하나님께 가까이 갑니다. 하나님은 자신의 활동이 만들어 내는 것에 의해서 영혼에 말씀하시며, 이것을 전혀 알지 못하는 영혼은 모든 것을 단순하고 자연스럽게 받아들입니다. 그러한 영혼의 영성은 흔들리지 않으며 그의 존재 전체에 넘쳐 흐릅니다. 그는 자신에게 교만을 채워 줄 혼란스러운 말과 사상의 격류에 흔들리지 않습니다.

사람들은 종종 거룩해지려고 노력하면서 자신의 지성을 의지하는데, 이것은 불필요한 일입니다. 오히려 그것이 방해될 수도 있습니다. 우리는 하나님께서 우리에게 행하고 당하라고 주시는 것만 사용해야 합니다. 우리는 자신의 삶에서 신적인 실체를 소홀히 하지 말고, 과거에 하나님이 행하신 이적들 때문에 바삐 돌아다니지 말아야 합니다. 그보다는 우리의 충성으로 이러한 이적들을 더하려고 노력해야 합니다.

읽을 때 즐거움을 주는 하나님의 놀라운 행위들은 우리가 주위에서 발생하는 작은 일들에 싫증을 느끼게 할 뿐입니다. 그러나 우리가 무시하지 않으면 이 작은 일들이 우리를 위해서 놀라운 일을 행할 것입니다. 우리는 참으로 어리석습니다! 우리는 하나님의 활동에 대해 읽을 때 놀라며 그것을 찬양하지만, 하나님께서 자신의 활동에 대해서 우리의 마음에 계속 기록하기를 원하실 때는 반항하며, 하나님이 우리 안에서나 주위에서 행하시는 것을 보려는 호기심 때문에 오히려 하나님이 그렇게 하지 못하게 합니다.

거룩한 사랑이시여, 여기에 나의 허물들을 기록하는 것을 용서하여 주십시오. 나는 당신이 자유로이 나에게 영향을 미치는 것을 허락하는 방법을 알지 못합니다. 나는 아직 나를 위해 고안된 틀에 나 자신을 넣지 못했습니다. 나는 당신의 작업실을 모두 방문했고 당신이 지으신 모든 것을 찬미하면서도, 아직도 당신의 붓으로 그리시는 것을 받아들일 만큼 자신을 포기하지 못했습니다. 그러나 나는 당신 안에서 사랑하는 스승, 교사, 아버지, 사랑하는 친구를 발견했습니다. 당신의 제자가 되어 당신의 학교에 가겠습니다. 탕자처럼 당신의 떡을 갈망하면서 집으로 가겠습니다.

나는 영적인 일에 대한 모든 책과 사상을 포기하며, 당신의 뜻과 함께 작용하지 않은 한 그것들과 관계를 갖지 않겠습니다. 내가 원하는 것은 오직 당신을 사랑하며 매 순간의 의무에 헌신함으로써 당신이 원하시는 대로 나에게 작용하시도록 허락하는 것입니다.

제3장

하나님께 복종하는 것이 덕을 실천하는 것입니다.

~ 1 ~

영혼 안에 있는 하나님의 생명

어떨 때는 우리가 하나님 안에 살고, 어떨 때는 하나님이 우리 안에 사십니다. 이 두 가지 상태는 매우 다릅니다. 하나님이 우리 안에 살 때 우리는 자신을 완전히 하나님께 맡겨야 하지만, 우리가 하나님 안에 살 때는 하나님께 완전히 복종하기 위해서 가능한 모든 수단을 써야 합니다. 이때 사용되는 수단은 아주 분명합니다: 독서, 자기 성찰, 규칙적으로 자신의 진보를 조사하는 것 등 모든 일이 규칙에 따라 행해집니다. 대화 시간도 정해지며, 언제든지 영적 지도자를 이용할 수 있습니다.

그러나 하나님이 우리 안에 사실 때는 하나님이 순간순간 주시는 것 외에 우리를 도와줄 것이 없습니다. 다른 것이 전혀 공급되지 않으며 구분된 다른 길도 없습니다. 우리는 원하는 곳이라면 어디든지 갈 수 있지만 자기 앞에 놓인 것 외에 다른 것을 알지 못하는 어린아이와 같습니다. 우리에게 세심하게 표시해 놓은 책을 주지 않으며, 어느 때는 인도해줄 지도자도 소유하지 못합니다. 왜냐하면, 하나님이 하나님 외에 다른 지원이 없이 우리를 내버려 두시기 때문입니다. 우리는 버림받아 어둠 속에서 살고 있습니다. 우리는 잊혔습니다. 우리의 몫은 죽음과 무(無)입니다. 우리는 자신의 궁핍함과 비참함을 알고 있지만, 과연 도움이 올 것인지, 그리고 어디에서 올 것인지 알지 못합니다. 그러나 우리는 걱정하지 않고 고요히 누군가 와서 도와주기를 기다리며 생각을 하늘에 고정합니다.

하나님은 우리가 이렇게 자신을 완전히 포기하는 것을 가장 좋게 여기시며, 친히 우리에게 책을 공급해 주시고, 선하고 지혜로운 사람들의 삶의 본보기와 충고와 함께 통찰력을 주십니다. 다른 사람들은 영적 진리를 발견할 때 큰 어려움을 느끼지만, 우리는 자신을 하나님께 맡겼기 때문에 전혀 어려움을 겪지 않습니다. 다른 사람들은 자신이 발견한 영적인 것들을 고수하며 계속 그것들에 관해 곰곰이 생각하지만, 하나님 안에서 사는 우리는 매 순간이 가져다주는 것을 붙잡았다가 그다음에는 그것을 잊고 오직 하나님께 민첩하게 응답하고 하나님만을 위해 살기 위해 열심을 냅니다.

하나님 안에 사는 사람들은 하나님의 영광을 위해서 많은 선행을 하지만, 하나님이 내면에 거하는 사람들은 종종 깨져 쓸모없는 도자기 조각처럼 구석에 던짐을 당합니다. 그들은 모든 사람에게 버림을 받아 그곳에 놓여 있지만, 하나님의 참되고 적극적인 사랑을 누리며 자신이 아무것도 하지 않고 다만 하나님의 손안에 머물면서 하나님이 원하시는 대로 사용되어야 한다는 것을 압니다. 그들은 자신이 어떻게 사용될 것인지 알지 못하지만, 하나님은 아십니다. 세상은 그들을 무익하게 여기며 실제로 그런 것처럼 보입니다. 그러나 그들은 다양한 수단에 의해서, 그리고 감추어진 통로를 통해서 자신이 생각하지도 못했던 사람들과 스스로 의식하지도 못하는 사람들에게 영적인 도움을 쏟아냅니다.

자신을 완전히 하나님께 복종시킨 사람들의 존재와 행동에는 능력이 있습니다. 그들의 삶은 설교입니다. 그들은 사도들입니다. 하나님께서 그들의 말과 행동, 심지어 그들의 침묵과 평온함과 초연함에 특별한 힘을 주시기 때문에, 그들은 사람들에게 심오한 영향력을 발휘합니다. 또 그들은 하나님과 직접 관계하지 않는 사람들을 인도하고 지원하는 데 사용되며, 그들 자신은 무의식중에 은혜를 끼치는 사람들의 영향을 받습니다. 하나님은 예기치 못한 은밀한 자극으로 그들을 통해 일하십니다. 이런 점에서 그들은 은밀한 치유의 능력을 발휘하신 예수님과 비슷합니다. 예수님과 그들의 차이점은 그들은 이러한 능력의 발산을 의식하지 못하여 그것과 협력하지 못한다는 점입니다. 그것은 알지 못하게 향기를 발하며 그 힘을 전혀 알지 못하는 은밀한 향과 같습니다.

~ 2 ~

하나님은 영혼을 인도하여 온갖 종류의 어둠을 겪
게 하십니다.

영혼은 하나님의 영향력 아래 놓이는 순간 홀로 거하면서 하나님의 인도하심을 의지하기 위해서 선행, 경건한 관습, 기도방법, 책, 생각, 그리고 신앙인들과의 토론 등을 버립니다. 그후로는 하나님의 인도하심이 영혼의 거룩함의 유일한 원천이 됩니다. 영혼은 하나님의 수중에 거하면서 하나님만이 영혼에 옳은 것을 아신다는 것, 그리고 만일 자신이 인간의 지도를 의지하면 하나님이 영혼을 인도해 주실 미지의 땅에서 길을 잃게 된다는 것을 깨닫습니다. 하나님의 뜻은 혼자만이 아는 길로 영혼을 인도합니다.

  바람의 방향이 바뀔 때는 바뀌는 순간에만 방향을 확신할 수 있습니다. 영혼의 경우도 마찬가지입니다. 영혼이 나아가는 경로는 하나님의 뜻에 따라 끊임없이 바뀌며, 하나님의 뜻은 그 결과들, 그 뜻이 영혼 안에서 은밀한 자극을 통해서든지 그들의 삶의 상태에 따른 의무를 통해서 성취하는 것들에 의해서만 이해될 수 있습니다. 이것이 그들이 소유하는 영적 지식입니다. 그것이 그들의 이상과 계시, 그들의 모든 지혜와 교훈의 요지입니다. 그들에게는 이제 다른 것이 필요하지 않습니다.

  믿음은 그들이 행하는 것이 선한 것이라고 확신시켜 줍니다. 그들이 책을 읽거나 대화를 하거나 글을 쓰거나 충고를 구하는 것은 오로지 하나님의 뜻을 더욱 분명하게 깨닫기 위해서입니다. 그들은 이 모든 수단을 하나님 활동의 일부로 여겨 받아들일 뿐 그것들에 집착하지는 않습니다. 그들은 믿음으로 말미암아 매 순간 확실하고 변함이 없고 항상 효과적인 하나님 능력의 지원을 받습니다. 그들은 작은 일에서부터 큰일에 이르기까지 모든 일에서 이 능력을 인식하고 누리며, 이 능력은 끊임없이 그들을 섬깁니다. 그들은 사물을 신뢰하기 때문이 아니라 사물이 하나님의 뜻에 복종하기 때문에 사물을 사용합니다. 그들은 아주 바람직하지 못한 상황에서도 하나님의 뜻이 활동하는 것을 발견합니다. 따라서 그들은 헛된 연구나 갈망에 세월을 허비하지 않고 살아갑니다. 또 그들은 자신이 가장 완전한 길을 가고 있다고 확신하므로 인생에서 지루한 것이나 불평 거리를 발견하지도 않습니다. 그들은 자기 영혼이나 몸이 처한 모든 상황, 자기에게 내적으로나 외적으로 발생하는 모든 일, 그리고 매 순간 자기에게 발생하는 모든 일 속에서 하나님의 충만한 능력이 역사하고 있음을 알기 때문에 탁월한 복을 누립니다.

세상이 그들에게 제공하는 것은 모두 무가치합니다. 그들은 모든 것을 하나님의 표준으로 판단합니다. 하나님께서 그들에게서 생각하고 말하는 능력, 책, 음식, 친구, 건강, 심지어 생명을 빼앗아 가시는 것도 그와 반대되는 일을 행하시는 것과 마찬가지로 그들에게는 아무런 의미가 없습니다. 그들은 하나님이 행하시는 모든 것을 사랑하며, 하나님의 활동이 항상 거룩하게 만들고 있음을 발견합니다. 그들은 하나님이 행하시는 것에 대해 추론하지 않고, 다만 그것을 인정합니다. 그들은 하나님의 모든 활동이 의미가 있다는 것을 압니다.

~ 3 ~
하나님께 자신을 맡기는 데에는 순수한 믿음과 소망과 사랑이 포함됩니다.

하나님께 자신을 맡기는 상태는 우리를 하나님 및 그분의 모든 활동과 연합해주는 행동 안에 믿음과 소망과 사랑을 혼합하는 것입니다. 이 세 가지 덕이 연합하여 하나가 되며, 따라서 하나의 행동, 마음을 들어 올려 단순히 하나님께 맡기는 행위를 이룹니다.

이 거룩한 연합, 영적인 하나 됨을 어떻게 설명해야 할까요? 어떻게 해야 그것의 본질에 대한 개념을 제공하며 이 세 가지의 연합을 이해할 수 있게 하는 명칭을 줄 수 있을까요? 이 세 가지 덕은 우리가 하나의 충동 안에서 하나님과 그분의 뜻을 소유하고 즐길 수 있게 해 줍니다. 우리는 하나님을 보고 사랑하고, 하나님에게서 오는 모든 것을 받기를 소망합니다. 이 태도를 순수한 사랑, 순수한 소망, 또는 순수한 믿음의 태도라고 부를 수 있습니다. 흔히 이 상태를 순수한 믿음이라고 지칭하지만, 이 용어에 다른 신학적인 덕목들이 포함되어 있다는 것을 이해해야 합니다. 하나님은 이 상태보다 더 안전한 것이 없다는 것을 분명히 하시며, 우리의 마음은 사욕이 없이 지극히 공평합니다. 이 연합에서 하나님의 편에는 절대적인 믿음의 확신이 있고, 우리 마음에는 비슷하지만 두려움과 희망이 가미된 확신이 있습니다.

이 세 가지 덕의 연합은 참으로 바람직한 통일체입니다. 그러므로 우리는 성령의 단순한 자극 때문에 믿고 바라고 사랑해야 합니다. 그리하면 하나님의 이름으로 고취된 열정이 성령에 의해 우리의 존재 전체에 퍼질 것입니다. 여기에 이 신비한 계시, 행복한 결과들을 지닌 예정의 보증이 있습니다. "하나님이 참으로 이스라엘 중 마음이 정결한 자에게 선을 행하시나"(시 73:1). 성령이 사랑으로 영혼에 영향을 주시는 이 어루만짐은 영혼을 덮고 풍성한 믿음과 통찰을 가져오는 기쁨의 폭포이기 때문에 순수한 사랑이라고 불립니다. 그러나 고통 속에 사는 영혼이 아는 것은 칠흑 같은 밤의 어둠뿐이기 때문에, 그것은 순수한 믿음이라고 불립니다. 순수한 사랑은 보고 느끼고 믿습니다. 그러나 순수한 믿음은 보지도 못하고 느끼지도 못하지만 믿습니다. 이것이 이 두 상태의 차이점입니다. 그러나 사랑이 없는 순수한 믿음의 상태가 없고 믿음이나 자기 포기가 결여된 순수한 사랑이 없으므로, 이 차이점은 근본적인 것이 아닙니다.

하나님의 손길은 이 세 가지 덕을 달리 혼합하여 다양한 영적 상태를 만들어 낼 수 있습니다. 하나님은 그것들을 무한히 다양하게 배열하실 수 있으므로, 각각의 영혼은 자신의 개성에 가장 적합한 방법으로 하나님의 흔적을 받습니다. 그러나 이것은 중요한 것이 아닙니다. 이 흔적은 항상 믿음과 소망과 사랑으로 이루어집니다. 자기 포기는 특별한 덕목들을 확보하는 전형적인 수단입니다. 하나님이 우리 모두에게 같은 종류의 덕을 주시거나 우리를 같은 상태로 들어 올려 주실 것이라고 바랄 수 없습니다. 그러나 우리가 모두 하나님과 연합될 수 있고, 자신을 하나님의 뜻에 맡길 수 있고, 하나님에게서 우리에게 가장 적합한 것을 받을 수 있고, 하나님의 나라를 발견할 수 있고, 그분의 영광에 참여할 수 있습니다. 그 나라에서 우리가 모두 사랑의 면류관이나 믿음의 면류관을 구할 수 있습니다. 그것이 무엇인지는 중요하지 않습니다. 어쨌든 그것은 면류관이요 하나님의 나라입니다.

물론 차이점이 있습니다. 우리 중에 어떤 사람은 그늘에서 살 것이고 어떤 사람은 낮의 환한 빛 가운데서 살 것입니다. 그러나 세상에서 우리가 하나님께 속하여 그분의 뜻에 복종하는 한 그것은 문제가 되지 않습니다. 우리는 자신이 처한 상태를 지칭하는 전문적인 명칭 때문에 고민하지 않을 것입니다. 우리는 오로지 하나님만 찾습니다. 다른 것들은 우리와 관계가 없습니다.

우리는 순수한 믿음이나 순수한 사랑의 상태에 대해서, 십자가나 신앙의 달콤함에 대해서 설교하는 것을 중단해야 합니다.

왜냐하면, 사람들은 각기 다르며, 이러한 문제들이 그들에게 적합한 것이 아닐 수도 있기 때문입니다. 그보다는 하나님을 사랑하는 모든 사람에게 하나님의 활동에 자신을 맡기는 것에 관해서 이야기해 주며, 그들이 장차 이러한 자기 포기 때문에 영원 전부터 그들을 위해 선택되고 예정된 특별한 상태를 성취하게 되리라는 것을 이해시켜야 합니다. 한 영혼도 실망하거나 좌절하게 하지 말고, 예수께서 모든 사람에게 요구하시는 완전함을 추구하지 못하게 몰아내지 말아야 합니다.

예수님은 우리가 모두 아버지의 뜻에 복종하여 그분의 신비한 몸이 될 것을 요구하십니다. 그 몸의 지체들 뜻이 그분의 뜻과 완전히 일치하지 않는 한 그들은 그분을 머리라고 부를 수 없습니다. 우리는 이 온유하고 사랑 많으신 구주가 결코 어려운 일이나 특별한 수고를 요구하시지 않는다는 것을 사람들에게 끊임없이 말해 주어야 합니다. 그분은 그들이 자신과의 연합을 원하기를 바라시며, 그 연합의 긴밀함에 비례하여 그들을 지도하고 인도하고 친구가 되려 하십니다.

~ 4 ~
하나님께 맡기는 자기 포기의 삶에는 초인적인 관대함이 포함됩니다.

믿음으로 뜨겁게 타올라 온갖 시끄러운 일과 치명적인 위험 속에서도 하나님의 역사를 보는 영혼은 매우 관대합니다. 그것은 독을 마시는 것, 공격에 맞서는 것, 또는 전염병에 걸린 사람들을 위해 종처럼 일하는 것일 수도 있습니다. 영혼은 그러한 모든 일 속에서 한 방울씩 제공되는 것이 아니라 순식간에 영혼을 삼키는 충만한 하나님의 생명을 발견합니다. 그러한 정신을 가진 군대는 무적의 군대일 것입니다.

믿음은 마음의 감각을 두려워하는 모든 것을 초월하여 들어 올려 줍니다. 믿음의 생활과 믿음의 직관은 동일합니다. 하나님과의 교제 및 그분의 보호하심에 대한 신뢰가 모든 것을 받아들일 수 있게 해 줍니다. 믿음은 우리가 모든 상황, 모든 종류의 사람들을 다룰 수 있게 해 주는 초연함을 만들어 냅니다. 믿음이 있으면 불행하지 않고 연약하지 않습니다. 하나님에 대한 산 믿음을 가진 영혼은 감각을 어리둥절하게 만드는 사건들의 배후에서 활동하시는 하나님을 봅니다.

공포에 사로잡힌 우리의 감각은 영혼에 "불쌍한 사람아, 이제 너는 길을 잃었고 구조될 희망이 없다!"라고 소리칩니다. 그러나 믿음은 강한 음성으로 대답합니다: "아무것도 두려워하지 말고 계속 앞으로 나아가라."

~ 5 ~
영혼에는 자기 포기와 순수한 믿음이 선행보다 더
유익합니다.

성인들의 이야기에서 놀라운 일들 – 환상, 계시, 내면의 음성 등 – 을 발견할 수 있지만, 그것들은 그들의 신앙생활 속에 감추어져 있는 완전함을 희미하게 보여 주는 데 불과합니다. 믿음으로 사는 사람들은 매 순간 발생하는 모든 일 속에서 하나님을 인식하는 방법을 알기 때문에, 그들의 믿음에 이러한 사건들이 포함됩니다.

어떤 성인에게 이러한 초자연적인 은총이 주어진 것이 사람들에게 드러나는 것은 그 성인이 아직 그러한 은총을 누리지 못했다는 의미가 아닙니다. 이러한 은총들이 드러나는 것은 그의 덕을 조명해 주고 사람들이 그것을 본받게 하기 위해서입니다. 다볼 산에서의 영광스러운 일과 예수 그리스도가 행하신 기적들은 단순한 촌극이 아니었습니다. 그것들은 그분의 인성이 인정되고 사랑받게 하려고 때때로 인성의 어두운 구름 사이를 뚫고 지나가는 섬광들이었습니다.

성인들의 놀라운 점은 그들의 믿음이 전혀 흔들리지 않았다는 것입니다. 이것이 없었다면, 그들이 성인이 되지 못했을 것입니다. 하나님에 대한 산 믿음, 하나님이 모든 일 안에 자신을 나타내신다는 사실을 그들이 기뻐할 수 있게 해 준 믿음은 외적인 기적을 필요로 하지 않았습니다. 물론 사람들이 확신하게 하기 위해서 그러한 표적들이 유익하게 사용될 수 있었습니다. 그러나 믿음에 흠뻑 잠겨 있는 성인 자신은 그러한 표적들을 전혀 필요로 하지 않았습니다. 그러한 표적들은 그로 말미암아 유익을 얻을 수 있는 사람들을 위해서 눈에 보이게 나타나는 것이 허락됩니다. 그러나 성인 자신은 우리가 모두 경험할 수 있는 것-은밀하게 역사하며 공공연하게 나타나지 않는 하나님의 뜻-을 소중히 여깁니다.

믿음은 증거를 원하지 않습니다. 증거를 원하는 사람은 믿음이 부족한 사람입니다. 믿음에 따라 사는 사람들은 하나님에게서 오는 은총으로서 증거를 받을 것인데, 이러한 특별한 일들과 순수한 믿음의 상태 사이에 전혀 모순된 것이 없습니다. 하나님은 영혼들을 구원하고 진보가 늦은 사람들을 조명해 주기 위해서 많은 성인을 일으키십니다. 선지자들과 사도들이 그러한 성인이었고, 하나님께서 세상을 조명하기 위해서 선택하셨고 앞으로 선택하실 모든 사람이 그러한 성인입니다. 그러한 성인들은 과거에도 있었듯이 앞으로도 있을 것입니다. 그러나 교회의 품에는 하늘에서만 빛나기로 예정되었으므로 이 세상에서 전혀 알려지지 않은 상태에서 살다가 죽는 숨겨진 성인들이 무척 많습니다.

~ 6 ~
자아 포기에는 영성훈련의 모든 덕목이 포함됩니다.

진정으로 자신을 포기하고 마음을 하나님께 맡긴 사람은 가능한 온갖 종류의 영성을 받아들입니다. 이는 존재 전체가 자신을 하나님의 뜻에 맡기기 때문입니다. 이처럼 순수한 사랑의 자극을 받아 이루어지는 순종의 행위는 하나님을 기쁘시게 하는 모든 일에 열중하는 것을 의미합니다. 우리가 전혀 망설임 없이 포기하지 않는 순간은 한순간도 없습니다. 따라서 이 포기의 본질에는 다양한 영성생활이 포함됩니다. 그러므로 하나님께 대한 복종이 우리에게 무엇을 가져다줄 것인지를 결정하는 것은 우리의 일이 아닙니다. 우리가 할 일은 오로지 모든 것에 복종하며 온갖 가능성에 대비하는 것뿐입니다.

이렇게 영혼을 하나님께 맡기는 데에는 체념과 순종과 사랑이 요구됩니다. 그밖에 모든 것은 하나님의 일입니다. 우리가 삶의 상태에 의해서 주어지는 의무를 신중하게 행하는 것, 하나님에게서 오는 모든 자극을 고요히 따르는 것, 그리고 은혜의 감화에 순종하는 것이 완전한 포기의 행동입니다. 그것은 제한을 받지 않으며, 진지하고 선한 뜻이 항상 소유하는 가치와 효과를 지닙니다. 우리가 행하려 하는 것들은 하나님 앞에서 행해집니다.

우리의 다양한 재능의 발휘를 제한하는 것이 하나님을 기쁘게 할 수도 있겠지만, 하나님은 결코 우리의 뜻의 발휘를 억제하지 않습니다. 하나님의 목적, 존재, 본질 등은 우리의 의지와 사랑의 대상이며, 그래서 하나님은 우리와 하나님의 연합이 충만하고 완전한 것이 되도록 보증하십니다. 때때로 우리의 사랑 때문에 우리의 능력들이 특정한 직접적인 목적들을 향할 수도 있습니다. 그런 까닭에 하나님의 뜻은 그와 같은 목적들과 관련되며, 하나님은 현 순간의 요구에 따라 그 활동을 제한하십니다.

그러나 하나님은 우리의 능력에 활기를 부여해 주시면서 우리 마음 안에 들어오십니다. 그 능력들이 깨끗하며 거리낌이 없음을 발견하시면, 하나님 자신으로 그것들을 채워 주십니다. 이는 모든 것을 비운 우리의 마음은 무한한 수용 능력을 소유하므로 하나님을 받아들일 수 있기 때문입니다. 오, 거룩한 이탈이여! 그대는 하나님을 받아들일 공간을 만듭니다. 오, 청결함이여! 완전한 복종이여! 그대는 하나님을 내 마음에 끌어들입니다. 나는 내 능력과 재능에 대해 전혀 걱정하지 않습니다.

주님, 당신은 내가 필요로 하고 원하는 모든 것이십니다. 이 보잘것없는 피조물을 주님이 원하시는 대로 사용하십시오. 모든 것이 주님의 것이요, 모든 것이 주님에게서 오며, 모든 것이 주님을 위한 것입니다. 내게는 더 추구하거나 행해야 할 것이 없습니다. 모든 것이 주님의 것이므로 한순간도 내가 통제하지 않습니다. 내 키를 더하거나 줄이기 위해서 노력할 필요가 없습니다. 무엇을 조사하거나 곰곰이 생각할 필요도 없습니다. 주님께서 모든 것을 다루십니다. 거룩, 완전, 구원, 영적 지도, 참회 등 모두가 주님의 일입니다. 내가 해야 할 일은 주님에게 만족하며, 어떤 행동 방침을 채택하거나 무엇에 애착하지 않고 모든 것을 주님의 선하신 뜻에 맡기는 것입니다.

~ 7 ~
모든 사람이 이 상태가 주는 무한한 유익을 누리라는 부름을 받습니다.

이것이 내가 특별한 생활 방법을 설교하지 않고 자기 포기를 설교하는 이유입니다. 하나님의 은혜로 영혼이 놓이는 상태라면, 나는 어떤 것이든지 똑같이 사랑합니다. 나는 하나님이 모든 영혼을 위해 계획하는 상태를 획득할 수 있는 일반적인 방법을 가르칩니다. 나는 그들에게 하나님의 인도하심에 자신을 완전히 맡기는 열심만을 요구합니다. 왜냐하면, 하나님께서 그들을 가장 유익한 것으로 이끌어 주실 것이기 때문입니다. 나는 그들에게 믿음을 설교합니다. 포기와 확신과 믿음을 설교합니다. 그들은 하나님의 행동이 그들의 선한 뜻의 분량에 비례하여 매 순간 만물을 통해서 그들을 위해 작용한다는 것을 믿고, 하나님의 행동에 순종하고, 그 도구가 되어야 합니다. 이것이 내가 설교하는 믿음입니다. 그것은 믿음과 깨끗한 사랑의 특별한 상태가 아니라, 하나님이 무엇으로 가장하시든지 그 안에서 하나님을 발견하고 하나님의 은혜로 그들을 위해 마련된 형태를 취할 수 있게 해 주는 일반적인 상태입니다.

나는 여러 종류의 영혼에 이야기합니다. 나의 심오한 본성은 모든 사람에게 속하고 모두에게 복음의 비밀을 선포하고, "여러 사람에게 여러 모습"(고전 9:22)이 되는 것입니다. 이렇게 복된 기질을 가지고 있으므로 나는 "즐거워하는 자들과 함께 즐거워하고 우는 자들과 함께 웁니다"(롬 12:15), 바보에게는 바보의 언어로 이야기하고, 유식한 사람에게 말할 때는 학자들의 언어를 사용하는 것을 의무로 삼습니다.

나는 모든 사람이 동일한 특별한 은총을 획득하기를 바랄 수 없지만 모두가 동일한 사랑과 동일한 포기와 동일하신 하나님께 이를 수 있으며, 따라서 모든 사람이 구분이 없이 거룩함의 고지에 이를 수 있음을 분명히 하고자 합니다. 특별한 은총과 특혜를 받을 만큼 신실한 영혼이 매우 드물어서 특별한 영혼이라고 불립니다. 그것은 심판 날에 분명히 드러날 것입니다. 그 때 하나님께서 이러한 은총들을 보류하신 것이 아니라 영혼이 자신의 잘못 때문에 빼앗겼음이 드러날 것입니다. 영혼이 흔들림이 없이 완전히 순종했다면, 얼마나 큰 복을 누렸을까요!

예수님과 영혼들의 경우에도 같습니다. 예수님을 신뢰하거나 존중하지 않는 사람들은 그분이 모든 사람에게 제공하신 은총을 받지 못했습니다. 그들은 책망받을 악한 성향들만을 가지고 있었습니다. 모든 사람이 똑같이 높은 곳에 올라가 같은 은사들을 받으며, 동일한 수준의 완전함을 획득할 수 있는 것이 아닙니다. 그러나 만일 우리가 모두 은혜에 충실하며 자신의 능력에 따라 그 은혜에 응답한다면, 하나님의 은총 안에서 우리의 갈망을 충족시켜 줄 장소와 탁월함에 이를 것이며, 그래서 만족할 것입니다. 본성과 은혜는 이 복된 상태를 동일하게 갈망하고 그 안에 참여하므로, 우리는 본성과 은혜에 따라서 만족할 것입니다.

~ 8 ~
깨끗한 마음과 완전한 자아 포기가 은혜의 보물들
을 가져옵니다.

풍성한 복을 누리려면 오직 한 가지 일을 해야 합니다. 즉 피조물을 향한 욕망을 비워 마음을 깨끗하게 하며 자신을 하나님께 철저히 복종시켜야 합니다. 이렇게 함으로써 원하는 모든 것을 얻을 것입니다.

주님, 사람들은 당신께 온갖 종류의 은사를 요청합니다. 그들은 많이 기도하고 간청합니다. 주님, 그러나 나는 오직 한 가지만 요청하고 한 가지만 기도하겠습니다. 나에게 깨끗한 마음을 주십시오!

우리 마음이 깨끗하면 얼마나 행복하겠습니까! 우리는 뜨거운 믿음으로 말미암아 하나님을 봅니다. 우리는 모든 것 안에서 매 순간 우리 안에서와 주위에서 일하시는 하나님을 봅니다. 우리는 모든 것 안에서 하나님의 신하요 도구입니다. 하나님은 우리를 어디로든지 인도하시고 모든 것에게로 이끄십니다. 종종 우리는 생각하지 못하지만, 하나님은 우리를 위해 생각하십니다. 우리는 하나님의 뜻에 따라 우리에게 발생하고 있으며 반드시 발생해야 하는 것을 갈망하는 것으로 충분합니다. 하나님은 우리의 자발적인 태도를 이해하십니다. 우리는 당황하여 자신의 내면에서 이러한 갈망을 발견하려 하지만 발견하지 못합니다. 그러나 하나님은 그것을 분명히 보십니다. 우리는 정말 어리석습니다!

우리는 아름다운 마음이 어떤 것인지 압니다! 그런 마음 안에서 하나님이 발견됩니다. 하나님은 그러한 마음 안에 있는 선한 의도들을 보시며, 이러한 마음이 항상 하나님의 뜻에 복종하리라는 것도 아십니다. 또 하나님은 우리가 자신에게 무엇이 유익한지 알지 못한다는 것을 아시며, 그래서 우리에게 유익한 것을 주시는 것을 하나님의 일로 삼으십니다. 하나님은 우리를 방해하는 것에 대해서는 전혀 염려하지 않습니다. 만일 우리가 동쪽으로 가고 있으면, 하나님은 우리의 방향을 서쪽으로 바꾸게 하실 것입니다. 만일 우리가 암초를 향해 가려 한다면, 하나님은 우리를 지도하여 항구로 데려가실 것입니다. 우리는 지도도 없고 나침반도 없으며, 바람이나 조수에 대해서도 전혀 알지 못하지만, 항상 순조롭게 항해합니다. 해적들이 우리의 배에 오르려 하면, 돌풍이 불어와 우리를 해적들이 미치지 못하는 곳으로 데려갈 것입니다.

선한 뜻과 깨끗한 마음! 예수님은 일곱 가지 복을 가르치셨습니다. 하나님이 우리를 소유하신다면, 우리가 하나님을 소유하는 것보다 더 큰 복이 없을 것입니다. 이처럼 매력적이고 즐거운 상태에 있는 영혼은 섭리의 품 안에서 평화롭게 잠을 자며, 순진하게 하나님의 지혜와 더불어 놀며, 암초와 해적들과 계속되는 폭풍에도 불구하고 평탄하고 행복하게 계속될 항해에 대해서 근심하지 않습니다.

깨끗한 마음과 선한 의지가 모든 영적 상태의 기초입니다. 당신에게 깨끗한 믿음과 소망과 확신과 사랑의 선물들이 주어졌으며, 당신은 그것들을 유익하게 만듭니다. 당신의 줄기에 사막의 화초들, 완전히 이탈한 영혼의 내면에서 꽃을 피우는 귀한 은혜들이 접붙여집니다. 하나님은 그러한 영혼을 거처로 삼으십니다. 하나님은 신랑의 화분과 신부의 정원에 물을 대 주는 시냇물의 원천입니다. 깨끗한 마음은 영혼에 이렇게 말할 수 있습니다: "나를 주의 깊게 보아라. 나는 좋은 편을 선택하여 그것에 매달리는 사랑을 만들어내며, 악에 대한 증오를 일으키는 온건하면서도 효과적인 두려움을 일으켜 악을 쉽게 피할 수 있게 해 주며, 하나님의 위대하심과 덕의 장점을 드러내는 탁월한 지혜를 나누어 준다. 또 나는 영혼이 장차 지금보다 더 완전하게 신실한 영혼의 즐거움이 될 것인바 하나님을 누리게 될 것을 기대하면서 확고하게 덕 안에 머물게 해 주는 열정적이고 거룩한 동경을 일으킨다."

오, 깨끗한 마음이여, 당신은 모든 사람을 당신 주위에 모이게 하며 무진장한 보물로 그들을 부유하게 합니다. 모든 영적인 행동과 거룩함에 이르는 길이 당신에게로 이어집니다. 사람들은 당신에게서 온갖 아름답고 매력적이고 기분 좋은 것을 끌어냅니다. 그들은 당신에게서 모든 것을 얻습니다. 은혜와 선의 놀라운 열매들, 우리 주위에서 볼 수 있으며 우리를 양육해 주는 열매들이 당신의 비옥한 정원에 옮겨 심긴 나무들에서 나옵니다. 당신의 땅에서는 젖과 꿀처럼 흐릅니다. 당신의 가슴에서 젖이 나오며, 당신의 품에서 몰약의 향내가 납니다.

사랑하는 영혼들이여, 우리를 부르는 사랑에게로 달려갑시다. 왜 주저합니까? 즉시 출발하여 하나님의 마음에 몰두하며 그분의 사랑에 도취합시다. 그분의 마음에서 하늘 보물 창고의 열쇠를 잡아채고, 즉시 하늘나라를 향해 길을 떠납시다. 문이 잠겨 있어서 들어가지 못할까 두려워할 필요가 없습니다. 우리의 열쇠가 모든 문을 열 것입니다. 우리가 들어가지 못할 방이 없습니다. 우리는 자유로이 정원이나 지하실이나 포도원에 드나들 수 있습니다. 우리가 시골 지방을 탐사하려 할 때 누구도 우리를 방해하지 않을 것입니다.

우리는 다윗의 열쇠(계 3:7), 지식의 열쇠(눅 11:52), 하나님의 지혜의 감추인 보물이 있는 무저갱의 열쇠(계 9:1)를 가지고 있으므로, 어디든지 가고 싶은 곳으로 오고 가며, 들어가고 나올 수 있습니다. 이 열쇠는 신비한 죽음과 그 신성한 어둠의 문을 엽니다. 이것에 의해서 우리는 깊은 감옥에서도 안전하게 나옵니다. 그것은 지식의 빛이 비치는 곳, 신랑이 낮잠을 자는 복된 장소로 들어가게 해 줍니다. 그곳에서 우리는 신랑의 입맞춤을 받는 방법을 배우고(아 1:1), 확신을 하고 신방의 계단을 오르며, 사랑의 비밀—인간의 입으로는 묘사할 수 없으며 드러나서는 안 되는 거룩한 비밀—을 배웁니다.

사랑하는 영혼들이여, 사랑합시다. 사랑이 모든 것을 줄 것입니다. 사랑은 거룩함 및 그에 동반되는 모든 것을 줍니다. 그것은 우리 주위에 있으며, 받아들이려 하는 모든 마음속으로 흘러들어갑니다. 영원한 생명으로 자랄 이 거룩한 씨는 참으로 대단한 것입니다. 그것을 아무리 찬양해도 부족할 것입니다. 부적절한 말로 그것을 찬양하기보다 고요히 그것을 소유하는 편이 훨씬 낫습니다. 이 사랑을 찬양해야 합니다. 이 사랑에 사로잡혔기 때문에 이 사랑을 찬양해야 합니다. 처음부터 그것이 우리를 사로잡았기 때문에, 읽고 쓰고 말하는 것을 비롯한 모든 것은 우리에게 의미가 없습니다. 우리는 마음이 명령하는 데 따라서 모든 것을 취할 수도 있고 버려둘 수도 있으며, 집에 머물 수 있고 시장에 나갈 수도 있고, 건강이 더없이 좋을 수 있고 나쁠 수도 있습니다.

이 사랑 가득한 마음은 우리를 다스립니다. 우리는 육과 영의 혼합물이며, 마음은 이 둘을 다스립니다. 사랑의 감화를 받는 모든 것이 그것을 흡족해합니다. 한편 구속함을 받지 못한 마귀의 본성이 제안하는 것들은 공포와 불쾌함으로 마음을 채웁니다. 때때로 마음이 기습 공격을 받는 것은 장차 그것이 더욱 더 지혜롭고 겸손하게 될 것을 의미합니다.

제4장

하나님의 뜻에 복종하는 것이 영성의 핵심입니다.

~ 1 ~

하나님께 복종하는 것은 자기 포기의 상태로 부름
을 받은 영혼의 의무입니다.

"의의 제사를 드리고 여호와를 의지할지어다"(시 4:5). 영성생활의 견고한 기초는 우리 자신을 하나님께 드리고 매사에 하나님의 뜻에 복종하는 것입니다. 우리 자신을 이미 판매되었으므로 아무런 권리도 소유하지 못하는 대상으로 간주하기 위해서는 자신을 망각해야 합니다. 우리는 하나님의 즐거움 – 하나님의 행복, 그의 영광, 그리고 그분이 우리의 크고 유일한 즐거움이라는 사실 – 을 성취하는 데서 즐거움을 발견합니다.

이러한 기초를 소유한 후에 할 일은 하나님이 하나님이심을 즐거워하면서 생활하고, 하나님의 뜻에 자신을 맡겨 무엇을 해야 하는지, 그리고 하나님이 우리의 행동을 어떻게 이용하실지에 대해 무관심하게 되는 것입니다. 자기 삶의 상태에 따르는 의무를 충실하게 이행한 후에 우리가 해야 할 주된 의무는 자신을 포기하는 것입니다. 이런 의무들을 행하는 방법이 거룩함의 척도가 될 것이기 때문입니다.

은혜의 도움을 받아 자유로이 하나님의 뜻에 복종한 영혼이 거룩한 영혼입니다. 그리고 이 자유로운 동의에 따르는 것들은 사람의 사역이 아니라 하나님의 사역입니다. 그는 맹목적으로 자신을 포기하며 모든 일에 대해 완전히 무관심합니다. 그것이 하나님이 우리에게 요구하시는 것입니다. 하나님은 모든 일에 건축가가 건물을 계획하듯이 모든 것을 선택하고 배열하십니다. 그러므로 우리는 어떻게 제시되든지 상관없이 하나님과 그분의 계획을 사랑해야 합니다. 하나님의 계획은 하나님만의 일입니다. 그리고 하나님께서 주시는 것이 우리에게 가장 좋은 것입니다.

영성의 본질은 "하나님의 뜻에 대한 완전하고 철저한 포기"라는 표현에 담겨 있습니다. 이것은 우리가 결코 자신에 대해 생각하지 않고 끊임없이 하나님을 사랑하고 복종하는 일에 전념해야 한다는 것을 의미합니다. 두려움, 불편한 생각, 양심의 가책, 거룩함과 구원을 성취하려는 관심에서 솟아나는 근심 등을 밀쳐 내야 합니다. 하나님이 우리의 일을 보살피기를 원하시므로, 우리가 하나님께 주의를 집중하려면 이 모든 일을 하나님께 맡겨야 합니다. 우리는 고개를 들고 모든 것을 무시하고 항상 하나님 및 하나님께서 우리에게 행하게 하시고 우리 안에서 성취하시는 것에 만족하면서 앞으로 나아가야 합니다. 목적지로 이어지지 못하는 길처럼 우리가 계속 방황하다가 길을 잃는 두려움과 의심에 빠지지 않도록 조심해야 합니다. 자애(自愛)의 끝없는 미로를 탐험하려 하지 말고 뛰어넘어야 합니다.

피곤, 질병, 감정의 부족, 급한 성미, 극도의 피로, 마귀와 사람들이 만들어 놓은 올무, 그리고 그들이 불신과 질투와 편견과 악한 상상으로부터 만들어 내는 것에 신경을 쓰지 마십시오. 태양과 그 빛에 우리의 시선을 고정하고(이것이 우리의 의무입니다) 이러한 구름 너머로 독수리처럼 날아올라야 합니다. 물론 이러한 악들을 의식하지 않을 수 없고, 또 그것들에 대해 무관심할 수도 없습니다. 그러나 우리의 삶이 감정의 지배를 받는 삶이 아니라는 것을 기억해야 합니다.

우리는 영원하고 불변하는 과정 안에서 하나님과 그분의 뜻이 활동하는 영성생활의 상위 영역에서 살아야 합니다. 그곳에서는 인간의 말로 묘사할 수 없고 측량할 수 없는 분이 우리를 보호하여 세상의 그림자와 소란함의 영향을 받지 않게 해 주실 것입니다. 우리는 감각을 통해서 무수한 소동을 느끼겠지만, 그것들은 바람에 불려가는 구름처럼 사라질 것입니다.

하나님과 그분의 뜻은 신실한 영혼을 사로잡는 영원한 대상입니다. 영광의 날이 오면 그것들이 우리의 참 행복이 될 것입니다. 비유적으로 표현하자면, 이 세상에서 우리는 괴물, 올빼미, 사나운 짐승 등의 공격을 받습니다. 비록 그것들의 공격이 무섭지만, 하나님이 그것들의 배후에서 활동하시면서 장차 태양의 찬란함과 같은 거룩한 것을 우리에게 주십니다. 그래서 이 세상에서 몸과 영혼은 마치 금, 철, 아마포, 보석 등처럼 정련되고 모양이 만들어집니다. 이러한 사물들처럼 절단되고 원래의 형태와 다른 변화된 모양이 주어지지 않는 한, 그들은 완전한 아름다움을 얻지 못할 것입니다. 그들이 이 세상에서 하나님의 손에 의해 당하는 모든 일은 그들이 영원한 복을 예비하게 하기 위한 것입니다.

하나님의 비밀을 잘 아는 신실한 영혼은 평안히 살며, 자신에게 일어나는 일에 놀라지 않고 오히려 위안을 받습니다. 왜냐하면, 그는 하나님이 자기를 인도하고 계심을 확실히 알기 때문입니다. 그는 모든 일을 하나님 은혜의 표현으로 여겨 받아들이며, 자신을 무시하고 하나님이 행하시는 것만 생각합니다. 사랑이 그 영혼을 감동하여 매우 주의 깊고 충실하게 그 의무를 행하게 합니다. 완전히 하나님께 맡겨진 영혼은 은혜가 이용할 수 있는 작은 결점들을 제외하고는 아무것도 분명히 보지 않습니다.

~ 2 ~
자기 포기의 상태에 이르려면,
피조물에 대한 사랑을 버려야 합니다.

생각이나 정신적인 노력으로는 순수한 사랑에 대해 아무것도 배울 수 없을 것입니다. 그것은 하나님의 활동을 통해서만 배울 수 있습니다. 하나님은 우리의 이성과 어려움과 좌절을 통해서 우리를 가르치십니다. 우리는 이러한 가르침에 의해서 하나님 외에는 선한 것이 없다는 것을 배웁니다. 이것을 알기 위해서는 우리가 소중히 여기는 모든 것을 버려야 합니다. 자신에게서 모든 것을 제거해야 합니다. 많은 좌절과 치욕을 경험하지 않는 한 순수한 사랑의 상태에 자리 잡을 수 없습니다. 우리는 세상이 포함하는 모든 것이 존재를 멈추며 하나님만이 우리의 모든 것이 되시는 단계에 도달해야 합니다.

하나님은 이런 일이 발생하게 하려고 우리의 개인적인 애정을 완전히 파괴하십니다. 그것이 무엇인지는 중요하지 않습니다. 우리는 특별한 종류의 헌신, 특별한 경건한 관습을 가지고, 특정의 길을 따름으로써 완전해지려고 노력하며 다른 사람의 지도를 구해야 합니다. 우리가 애착하는 것이 무엇이든지 하나님께서 들어와 우리의 계획을 망치실 것이며, 우리는 평안함이 아니라 혼동과 근심과 어리석음의 한복판에 있는 자신을 발견할 것입니다. 우리가 "나는 이 길로 가야 한다. 나는 이 사람과 의논을 해야 한다. 나는 이렇게 행동해야 한다"라고 말할 때 하나님은 그와 반대되는 말을 하시며, 우리가 선택한 수단에서 하나님의 능력을 거두어 가십니다. 그리하여 우리는 피조물의 허무함을 발견하며, 어쩔 수 없이 하나님을 의지하고 하나님에게 만족하게 됩니다.

하나님의 사랑 가득한 엄격함을 이해하고 그에 협력하는 사람은 행복할 것입니다. 우리는 무상한 것들을 초월하고, 무한하고 불변하는 것을 의지하며, 피조물을 신뢰하지 않으며, 하나님이 원하실 때만 그것들을 대합니다. 하나님은 우리가 욕망을 완전히 비워 우리 자신의 선택을 할 수 없다는 것을 보십니다. 우리는 죽어 완전한 무관심 안에 묻힙니다. 하나님은 충만히 임하셔서 우리 마음을 채우실 때 모든 피조된 것들 위에 그것들의 차이점과 다양성을 모두 없애고 소멸하는 그림자를 드리우십니다. 그러므로 이러한 피조물들에는 어떤 일을 성취하는 능력이 부족하며, 우리는 그것들에 매력을 느끼지 않습니다. 왜냐하면, 하나님의 위엄이 우리 마음에 차서 넘쳐 흐르기 때문입니다.

  하나님 안에 거할 때 우리는 모든 것에 대해서 죽고, 모든 것은 우리에 대해서 죽습니다. 모든 것에 생명을 주시는 하나님의 관심사는 우리 영의 생명을 회복시켜 주시는 것입니다. 그때 우리는 하나님의 뜻에 따라 피조물에 다가갈 수 있고, 우리 영혼은 그것들을 받아들일 수 있습니다. 하나님 의지의 작용이 없으면, 우리는 그것들을 거부할 것이며 그것들에 전혀 흥미를 느끼지 못할 것입니다. 이처럼 모든 피조물의 소멸, 그리고 그 후에 회복되어 하나님의 계획에 이바지하는 것은 매 순간 하나님이 우리에게 하나님 자신이 되시고 또 우리의 모든 것이 되게 해 줍니다. 매 순간 우리 마음은 하나님 안에서 평안하며 모든 피조물에 완전히 포기됩니다. 그러므로 각각의 순간에 만물이 포함되어 있습니다.

~ 3 ~
적극적인 포기의 실천

  자기 포기의 상태로 부름을 받은 영혼들은 적극적이기보다는 매우 소극적이지만, 활동에서 완전히 벗어나기를 기대할 수는 없습니다. 이 상태는 규칙적이고 완전하게 실천되는 포기의 덕을 강화한 것에 불과합니다. 따라서 우리는 두 가지 의무를 행해야 합니다: 적극적으로 하나님의 뜻을 수행하는 것, 그리고 하나님의 뜻에 따라 우리에게 보내지는 모든 것을 수동적으로 받아들이는 것입니다. 이 상태는 본질에서 우리의 존재 전체를 하나님께 바쳐 하나님께서 마음대로 우리를 사용하시게 하는 것입니다.

하나님은 두 가지 방법으로 우리를 사용하십니다. 하나님은 우리에게 특정의 일을 행하라고 강요하시거나 우리 안에서 활동하십니다. 첫 번째 경우에 우리는 하나님의 명백한 명령에 주저하지 말고 순종해야 합니다. 둘째 경우에 하나님이 우리 영혼 안에서 행하시는 것에 절대적으로 유순하게 복종해야 합니다. 자기 포기는 매 순간 드러나는 하나님의 뜻에 대한 완전한 복종입니다. 우리 자신을 어떻게 포기해야 하는지, 또 각 순간이 무엇을 가져다줄 것인지를 아는 것은 중요하지 않습니다. 가장 중요한 것은 무조건 자신을 포기하는 것입니다.

하나님이 명하셨으며 우리가 반드시 행해야 하는 의무들이 있습니다. 그리고 포기된 상태로 수동적으로 남아 있어야 하는 의무도 있습니다. 세 번째 유형의 의무는 하나님께서 우리를 움직이실 때 사용하시는 자극에 순종하는 것입니다. 이 세 번째 의무를 행하려면 단순성이 있어야 하며, 은혜의 속삭임에 즉시 응답해야 합니다. 우리는 자신에 대해서는 무관심하고 주어진 자극에 순종해야 합니다. 하나님은 반드시 우리를 지도하셔서 이러한 영향력 중에서 무엇을 받아들이고 무엇을 거부해야 할지 말해 주십니다. 이 세 번째 의무는 규칙이나 형식의 지배를 받지 않습니다. 이 의무는 우리가 성인들을 생각할 때에 특별하고 비범한 것처럼 보이는 것을 만들어 내며, 그들의 구송기도와 내면의 감화를 다스리며 그들의 엄격함과 열정과 이웃을 위한 아낌없는 희생을 밝혀 줍니다.

이 모든 것이 성령의 통제 아래 있으므로, 우리는 이 은혜들을 소유하려 하거나 자신이 덕에 있어서 탁월해질 수 없다고 불평해서는 안 됩니다. 이는 모든 것이 하나님의 뜻에 달려 있기 때문입니다. 이것을 받아들이지 않으면, 우리는 자기 뜻을 따르다가 미혹될 것입니다. 하나님이 어떤 영혼들은 사람들에게 알려지지 않고 감추어지며 그들 자신이나 사람들에게 무가치한 상태로 보존하기를 원하시며, 그들에게 탁월한 특성을 전혀 허락하시지 않는다는 것을 알아야 합니다. 그런 영혼이 하나님이 정하신 길이 아닌 길로 가려 하는 것은 잘못된 생각일 것입니다. 제대로 가르침을 받는다면, 그들은 자신에게 배정된 몫에 충실하며 자신의 비천함 안에서 평안을 발견해야 한다는 것을 깨달을 것입니다.

그런 영혼들과 다른 영혼의 차이점은 그들이 하나님에 대한 사랑으로 말미암아 하나님의 뜻에 복종한다는 것입니다. 이런 일에 있어서 그들이 외적인 일에 적극적인 것처럼 보이는 영혼들을 능가한다면, 그들의 거룩함은 더 깊을 것입니다. 이것은 우리가 자신의 상태에 따른 의무와 섭리의 명령에 만족해야 한다는 것을 보여 줍니다. 하나님은 우리 모두에게 이것을 요구하십니다. 우리는 영적인 즐거움과 경험을 만들어 내려 하지 말며, 자신이 이미 소유하고 있는 즐거움과 경험을 강화하려고 노력지도 말아야 합니다.

그러한 본성적인 노력은 성령의 감동을 거스르는 것이요 직접 대적하는 것입니다. 영혼은 신랑의 음성을 듣고 잠에서 깨어나야 합니다. 혼자 힘으로 행동하는 영혼은 아무것도 이루지 못합니다. 성인들을 훌륭하게 만들어준 이적과 비슷한 것을 행할 능력이 우리에게 없고 그러한 욕망을 느끼지 못한다면, "하나님은 성인들에게 이런 것들을 원하시지만, 나에게서는 원하시지 않는다"라고 말해야 합니다.

~ 4 ~
자기 포기의 상태로 부름을 받은 사람이 생활하는 방법

　자기 포기 상태로 부름을 받은 사람의 삶은 예수님, 성모 마리아, 그리고 요셉의 삶과 비슷합니다. 그러한 삶은 하나님의 선하신 기쁨을 철저히 의지하는 삶이며, 하나님의 뜻에 따라 자극을 받기 전까지는 완전한 비활성의 삶입니다. 인간적으로 표현해 보면, 이 뜻은 우연한 것이며 그 작용도 우연한 것입니다. 하나님의 뜻 중에서 우리가 행해야 하는 분명한 의무들을 부과하는 측면과 구분하기 위해서 그것을 순수히 섭리적인 하나님의 뜻이라고 표현하겠습니다.

　지금 여기에서 언급되는 사람들은 하나님의 섭리적인 뜻에 완전히 복종합니다. 그러므로 그들의 삶은 실제로는 특별하지만, 일상적이고 평범한 것이 아닌 것을 전혀 보여 주지 않습니다. 그들은 다른 사람들처럼 종교의 의무 및 자신의 생활 방식에 따른 의무들을 모두 행합니다.

　아무리 자세히 살펴보아도 그들에게서 특별하거나 놀라운 것을 발견하지 못할 것입니다. 그들의 삶은 평범한 것처럼 보이며, 그들을 두드러지게 할 수 있는 것이 나타나지 않습니다. 하나님의 뜻을 의지하는 태도가 그들의 모든 것을 결정합니다. 그들의 마음이 끊임없이 순종하기 때문에, 하나님의 뜻은 그들이 철저히 자제할 수 있게 해 줍니다. 그들이 의식적으로 그 뜻과 협력하는 것과 자기의 행동에 주목하지 않은 상태에서 그 뜻에 순종하는 것 모두 동일합니다. 하나님은 영혼들을 돕기 위해서 그들을 사용하십니다

그들은 자신의 상태에 의해서 고독하고 자유로우며, 모든 것에 대해 초연하고, 하나님의 사랑에 만족하며, 하나님께 속하며, 당면한 일을 하나님의 뜻에 따라 성실하게 행합니다. 그들은 결과나 이유, 원인 등을 깊이 생각하거나 고려하지 않으며, 주저하지도 않습니다. 그들은 지체하지 않고 계속 앞으로 나아가며, 이 세상에 하나님과 자신의 분명한 의무 외에 다른 것이 존재하지 않는 듯이 자신의 의무를 행합니다. 현재의 순간은 이러한 이 단순한 영혼들이 하나님만 보고 누리며 하나님의 뜻에만 관심을 두고 통과하는 광야와 같습니다. 다른 모든 것은 무시되고 잊히고 섭리에 맡겨집니다.

그러한 영혼은 수동적으로 하나님의 목적에 점유되거나 어떤 표면적인 활동을 하라는 하나님의 지시를 받아들이고 그에 따라 작용하는 도구와 같습니다. 이 표면적인 활동에 자유롭고 생생한 협력, 즉 주부적(注賦的)이고 신비한 협력이 동반됩니다. 즉 하나님은 자신이 말씀하시면 영혼이 행동할 준비가 되어 있음

을 보고 만족하시며 그들에게서 행동의 필요성을 덜어 주시지만, 그들의 노력과 선한 뜻에 따라 획득할 수 있는 온갖 유익을 허락해 주십니다. 이것은 마치 친구가 자기를 대신하여 여행을 떠날 준비를 하고 있음을 알아차린 사람이 즉시 여행을 떠나는 것과 같습니다.

여기에서 실제로 여행은 친구가 한 것이 아니므로, 친구가 행한 것은 자원하여 여행을 떠나려는 호의를 보여 준 것에 불과합니다. 이 여행은 강요된 것이 아니라 한 사람을 섬기려는 마음에서 수고하고 여행 비용을 담당하려는 자유로운 결정의 결과입니다. 그 여행이 실제로 이루어진다면, 그 여행은 적극적인 것이 됩니다. 동시에 그것은 친구의 활동이 없이 이루어질 것이므로 내적 여행이 될 것입니다. 또 여행에 대한 진리가 감추어질 것이므로, 그 여행은 신비한 여행이 될 것입니다.

이 가상 여행에서 다루어지는 협력이 우리가 일반적인 의무를 행하면서 발휘하는 순종과 전혀 다르다는 점에 주목해야 합니다. 우리가 이러한 의무를 행하는 작업은 신비한 것이 아니고 주부적인 것도 아니며, 일반적인 의미에서 자유롭고 적극적인 것입니다. 하나님의 뜻에 맡기는 것은 적극적인 동시에 피동적입니다. 우리는 자신을 포기할 때 일상적인 선한 의도 외에 자신의 것을 전혀 공급하지 않습니다. 이 선한 의도는 무엇을 위해 작용하는 것이 아니라 모든 것을 기다립니다. 우리는 기술자의 수중에 있지 않으면 쓸모없는 도구와 같습니다. 그 도구는 기술자의 수중에 있을 때 그것이 만들어진 목적에 따라서 모든 일을 행합니다.

분명하게 표현된 하나님의 명백한 뜻에 순종하는 것은 다른 일입니다. 거기에는 철야, 돌봄, 신중, 그리고 분별이 포함됩니다. 은혜가 우리를 도와줄 수 있을 것입니다. 현재의 의무들을 사랑하고 순종하는 것 외에 모든 것을 하나님께 맡기십시오. 이 사랑은 매우 실질적인 행동이며 피할 수 없는 의무입니다. 항상 그것을 소중히 여기며 그것의 자극에 순종할 각오가 되어 있어야 하는데, 이것은 행동이 없으면 할 수 없는 일입니다. 당면한 의무에 대한 순간적인 반응이 행동일 수 있습니다. 그것은 우리가 표면적인 상황이나 사건 속에서 특별한 것을 보기를 기대하지 않지만 그러한 상황과 사건들에 의해서 분명히 드러나는 하나님의 뜻을 성취하는 데 작용하는 행동입니다.

이것이 우리를 위한 법이요 지고한 척도요 분명하고 확실한 길입니다. 그것은 시간과 장소와 환경에 따라 변하지 않는 법입니다. 그것은 우리가 벗어나지 않고 의심 없이 믿음으로 용감하게 따라가야 하는 직선입니다. 요약해서 말하자면, 우리는 지금 이 순간이 요구하는 일을 적극적으로 행해야 하며, 그 외의 모든 일에서는 체념하고 아무것도 행하지 말며 수동적으로 평화롭게 하나님의 자극을 기다려야 합니다.

~ 5 ~
하나님과의 연합을 원한다면 하나님 은혜의 작용을
소중히 여기되 이 순간의 의무를 고수해야 합니다.

우리는 하나님의 뜻과 연합함으로써 하나님을 소유하고 누립니다. 다른 수단에 의해서 이러한 기쁨을 소유할 수 있다고 상상하는 것은 잘못입니다. 하나님의 뜻과의 연합은 특별한 수단입니다. 이것을 성취하는 특별한 방법이 없습니다. 하나님은 원하시는 어떤 수단에 의해서든 그것을 보장하실 수 있습니다. 하나님은 여러 가지 방법으로 하나님의 뜻을 우리의 뜻과 연합하시는데, 항상 우리에게 가장 좋은 방법을 사용하십니다. 그 방법들은 각각의 영혼을 이 연합을 이루는 데 알맞게 하려고 하나님이 준비하신 것들입니다. 우리는 스스로 선택하지 않고 하나님이 선택하신 것을 고수하며, 하나님이 사람들을 위해 정하신 것을 존중하고 사랑해야 합니다.

예를 들어, 만일 하나님이 원하시는 것이 내가 구송기도를 사용하며 영적으로 감동적인 기도를 실천하는 것이라 해도 나는 여전히 침묵, 그리고 사람들의 믿음이 그들에게 가져다주는 어두운 밤을 사랑하고 존중할 것입니다. 그러나 나는 이 순간의 의무들을 사용할 것이며, 그것들에 의해서 하나님과 연합될 것입니다. 나는 정적주의자들처럼 참신앙이 아무것도 행하지 않는 것을 의미한다고 믿지 않습니다. 왜냐하면, 우리는 하나님의 법으로 거룩해지며, 하나님은 항상 선택하신 모든 것을 우리에게 유익한 것으로 만드시기 때문입니다. 나는 하나님의 뜻에 한계를 정하려 하지 않을 것입니다. 하나님의 뜻이 어떻게 나타나든지 나는 그것을 환영할 것이며, 그것이 어떤 형태로든지 사람들에게 작용하는 것을 보고 기뻐할 것입니다.

역설적인 말 같지만, 완전함에 이르는 길은 하나뿐이지만 그 길에는 우리의 개성에 맞추기 위한 차이점들과 변형물들이 있습니다. 우리가 없어서는 안 될 단순성을 가지고 있다면 "순종 안에서 하나님과 연합한 우리는 나름의 길을 따라 계속 같은 목표를 향해 나아가야 합니다. 하나님은 각 사람에게 다르게 자기 뜻을 나타내 주십니다"라고 말할 것입니다. 이것을 염두에 두고서 성인전이나 영적 서적을 읽어야 하며, 우리에게 배정된 길을 떠나지 말아야 합니다.

이런 까닭에 하나님이 허락하시지 않는 한 영적 서적을 읽거나 영적인 문제에 대해서 사람들과 대화해서는 안 됩니다. 그러나 그렇게 행하는 것이 우리의 의무임을 하나님께서 분명히 해 주신다면, 우리가 읽거나 토론한 것과는 관계없이 그 뜻을 따라야 할 것입니다. 그러나 만일 우리가 읽고 토론한 것이 하나님이 우리를 위해 이 순간에 필요한 것을 충족시키기 위해서 계획하신 것이 아니라면, 우리는 혼동과 근심만 소유하게 될 것입니다. 하나님의 뜻이 없는 곳에는 소란함만이 있기 때문입니다.

그런데 우리가 이 세상에서 지금 행해야 하는 것과 전혀 상관이 없는 일들에 대해서 근심하고 걱정하는 이유는 무엇입니까? 과연 언제나 하나님께서 우리에게 가장 중요하신 분이 될까요? 완전히 하나님을 위해 사십시오.

~ 6 ~
하나님은 자기를 포기한 영혼이 철저히 은혜에 복종할 것을 요구하십니다.

하나님의 길을 따라가며 오직 하나님과 이 순간의 의무만을 위해서 살려면, 우리가 느끼거나 행하는 모든 것에서 이탈해야 합니다. 장래에 대한 상상을 중지하고, 지금 발생하고 있는 것에 시선을 집중하며, 과거의 일이나 장차 일어날 것에 신경을 쓰지 말아야 합니다.

하나님의 뜻이 항상 우리를 "나는 이 책 또는 이 사람에게 끌리는 느낌을 받는다. 내가 다른 사람에게 충고하거나, 나를 위한 충고를 부탁하고 싶다. 내 마음을 누군가에게 털어놓고 그의 신뢰를 얻으며, 구제하거나 어떤 행동을 하기를 원한다"라고 말하게 합니다. 이때 우리는 자신의 이성을 의지하거나 그 문제를 곰곰이 생각하지 말고 즉시 이러한 은혜의 자극에 순종해야 합니다.

하나님이 원하시는 것이 무엇이든지 그것에 우리 자신을 바쳐야 하지만, 결코 개인적으로 그 일에 개입해서는 안 됩니다. 이러한 자기 포기의 상태에서 하나님의 뜻이 우리 안에 거하고 우리를 움직이십니다. 그것이 우리가 힘과 지원을 얻기 위해서 일상적으로 의지하는 모든 것을 대신해야 합니다.

모든 순간에 실천해야 할 덕목이 있습니다. 하나님께 맡겨진 우리 영혼은 독서와 토론을 통해서 배운 모든 것을 기억할 것입니다. 그러므로 우리는 때때로 여러 가지 책을 읽으라는 재촉을 받으며, 하찮은 일에 대해 논평하고 의견을 제시하라는 자극을 받습니다. 어느 순간 하나님은 나중에 우리가 의롭게 행동하는 데 도움이 될 일에 대해 배우려는 갈망을 주십니다. 우리는 이유를 알지 못한 채 어느 행동에 끌리기 때문에 그것을 행합니다.

우리가 할 수 있는 말은 다음과 같이 요약될 수 있습니다: "나는 읽고 쓰고 질문하고 조사하고 싶은 느낌을 받으며, 이 느낌에 복종합니다. 그리고 그 느낌에 책임을 지니신 하나님이 내 안에 장차 나 자신과 다른 사람들을 위한 유익의 핵심으로 발달할 영적인 창고를 세우십니다." 이런 까닭에 우리는 마음을 단순하게 하고 온유하게, 그리고 거의 감지할 수 없는 이러한 자극들의 작은 움직임을 민감하게 감지하여 고분고분하게 응답해야 합니다.

자신을 하나님께 맡긴 사람에게는 하나의 규칙만 존재합니다. 그것은 이 순간의 의무입니다. 영혼은 깃털처럼 가볍고, 물처럼 유동적이고, 어린아이처럼 단순하고, 은혜의 자극에 공처럼 생생하게 응답합니다. 우리는 주입된 틀의 형태를 취하는 녹은 쇳물 같아서 하나님이 주려 하시는 형태를 쉽게 취할 수 있습니다. 우리는 끊임없이 이동하는 공기와 같고, 형태에 상관없이 모든 그릇을 채우는 물과 같습니다.

우리는 깨끗하고 부드러운 캔버스처럼 자신을 하나님께 바치며, 하나님이 그 위에 무엇을 그리실 것인지 염려하지 말아야 합니다. 우리는 이미 자신을 하나님께 바쳤으므로 하나님을 철저히 신뢰하며, 우리 자신과 모든 욕구를 망각하고 바삐 의무를 행합니다. 아주 단순하고 은밀하고 감추어져 있으며 외견상 무가치하게 보이는 작은 일에 충성할 때 하나님은 그것을 풍요롭게 하고 아름답게 장식해 주십니다. "여호와께서 자기를 위하여 경건한 자를 택하신 줄 너희가 알지어다"(시 4:3).

맹목적으로 단순하게 붓에 맡겨진 캔버스는 매 순간 붓의 움직임만 느낍니다. 돌덩이의 경우도 마찬가지입니다. 돌덩이는 조각가가 끌로 다듬을 때마다 자신이 망가지는 것처럼 느낍니다. 끌의 공격이 진행되는 동안 돌덩이는 조각가가 어떤 모양을 새길지 전혀 알지 못합니다. 돌덩이는 다만 끌이 자신을 쪼개고 쪼고 절단하는 것만 느낍니다. 예를 들어, 십자가 모양으로 조각될 돌을 생각해 봅시다. 돌에게 "너에게 어떤 일이 일어날 것으로 생각하느냐"라고 묻는다면, 돌은 이렇게 대답할 것입니다.

"나에게 묻지 마십시오. 나는 조각가의 수중에 있어야 한다는 것, 그리고 그를 사랑하며, 그가 염두에 두고 있는 형상을 만들기 위해서 나에게 가하는 일을 참고 견뎌야 한다는 것밖에 알지 못합니다. 그는 그 방법을 알고 있습니다. 그러나 나는 그가 무엇을 할 것인지, 또 나를 어떻게 사용할 것인지 알지 못합니다. 그러나 나는 그가 최선을 다해서 작업하리라는 것을 압니다. 그의 솜씨는 완벽합니다. 그가 끌로 나를 다듬을 때 나는 그것이 나에게 발생할 수 있는 최상의 일로 여겨 환영합니다.

나의 형태를 흉하게 만들고 망치고 있다고 느낄 것입니다. 그러나 나는 염려하지 않습니다. 나는 현재의 순간에 집중하고 내 의무만 생각하며, 조각가의 의도를 알지 못하지만, 그가 나에게 가하는 모든 일을 견디고 초조해하지 않을 것입니다."

솔직하고 소중한 영혼이여, 하나님의 일을 하나님께 맡기고, 평안한 마음으로 당신의 일을 행하십시오. 당신의 영성생활이나 세상에서의 활동에서 발생하는 것들은 모두 최상의 것을 위한 것이라고 확신하십시오. 당신 자신을 하나님께 맡기고, 하나님이 활동하게 하십시오. 붓이 너무 많은 색깔로 캔버스를 칠하여 완성된 것이 서투른 그림처럼 보이더라도, 끌과 붓이 소신껏 작업하게 하십시오. 꾸준히 단순하게 복종하며 자아를 완전히 망각하고 자신의 의무에 집중함으로써 하나님의 뜻과 협력해야 합니다.

똑바로 전진하십시오. 지도가 없지만 염려하지 말고, 지세(地勢)를 무시하며 당신이 통과하는 장소에 관심을 두지 마십시오. 계속 앞으로 나아가면 당신이 원하는 모든 것을 얻을 것입니다. 사랑하고 순종하며 하나님의 나라와 그의 의를 구하면, 모든 것이 당신에게 주어질 것입니다. 많은 사람이 불안하여 "누가 우리를 완전한 거룩함으로 이어질 자아의 죽음으로 인도해 줍니까?"라고 묻습니다. 그들이 도움이 될 공식을 발견하려고 책을 살샅이 찾아다녀도 내버려 두십시오.

우리는 사랑으로 하나님과 연합하며, 곧고 분명한 의무의 길을 맹목적으로 걸어가야 합니다. 그리하면 하나님의 천사들이 우리를 보호해 줄 것입니다. 만일 하나님께서 우리에게 더 많은 것을 원하신다면, 그것을 알려 주실 것입니다.

~ 7 ~

유순한 사람은 하나님께서 자신을 이끌어가시는
길에 대해 질문하지 않습니다.

우리의 인도자이신 하나님은 우리가 주저함 없이 하나님을 신뢰하며 하나님의 인도하심에 대한 불안을 버려야 한다고 주장하십니다. 하나님은 택하신 길로 우리를 보내시지만 우리는 그것을 알지 못합니다. 우리가 읽는 것도 전혀 도움이 되지 못합니다. 만일 우리가 혼자 힘으로 행동한다면, 자신의 경험을 의지해야 할 것입니다. 하나님이 원하시는 일 외에 다른 일을 하는 것은 매우 위험합니다.

그러나 하나님이 우리와 함께하실 때는 상황이 아주 다릅니다. 하나님의 활동은 항상 새롭고 신선하며, 되풀이되지 않고 항상 새로운 길을 발견합니다. 하나님 활동의 인도를 받는 사람은 자신이 어디로 가고 있는지 알지 못합니다. 왜냐하면, 그가 걸어가는 길은 책에서 발견할 수 없고 생각으로 발견할 수 없기 때문입니다. 그 길은 항상 우리 앞에 열려 있으며, 우리는 그 길을 따라가라는 재촉을 받습니다.

밤중에 낯선 곳에서 길이 보이지 않는 들판을 가로질러 간다고 상상해 보십시오. 그때 우리에게 안내자가 있다고 생각해 보십시오. 그런데 그는 우리에게 질문하지 않으며 자신의 계획을 말해 주지 않습니다. 우리는 그를 신뢰할 수밖에 없습니다. 우리가 있는 곳이 어디인지 알려 하는 것, 지도를 보는 것, 지나가는 사람에게 질문하는 것 등은 모두 소용이 없습니다. 안내자는 우리가 자신을 의지하기를 원하기 때문에 그런 행동을 용납하지 않을 것입니다. 그는 우리가 두려움과 의심을 극복할 때 만족할 것이며, 우리에게 자기를 철저히 신뢰할 것을 요구할 것입니다.

하나님의 활동은 선하며 개혁이나 통제가 필요하지 않습니다. 그것은 세상 창조 때에 시작되어 지금까지 동일한 에너지를 가지고 계속되어 옵니다. 그 에너지는 끝이 없고 다함 없이 풍부합니다. 그것은 오늘은 이 일을 하고 내일은 다른 일을 하지만, 매 순간 이루어지는 동일한 활동이 끊임없이 새로운 결과를

낳으며 영원토록 계속될 것입니다. 그것이 아벨과 노아와 아브라함을 만들어 냈는데, 이들은 모두 다른 유형이었습니다. 이삭도 독창적입니다. 야곱은 이삭의 복제물이 아니고, 요셉도 야곱의 모사품이 아닙니다. 모세는 그의 조상들과 다릅니다. 다윗과 선지자들은 족장들과 전혀 닮지 않았습니다. 세례 요한은 홀로 서 있습니다. 예수 그리스도는 맏아들이십니다. 사도들은 그분의 사역을 모방하기 보다 그의 영의 인도에 따라 움직입니다.

예수 그리스도는 자신을 제한하지 않으셨고, 자신의 교훈을 문자 그대로 따르지 않으셨습니다. 지극히 거룩하신 그분의 영혼은 항상 성령의 감화를 받았고, 그의 아주 작은 호흡에도 반응했습니다. 그분은 다음 순간에 해야 할 일을 알기 위해서 지나간 순간을 참고하지 않으셨습니다. 이는 그분의 모든 순간이 성 삼위일체의 보이지 않고 측량할 수 없는 지혜 안에 담긴 영원한 진리에 따라서 성령의 호흡으로 조절되었기 때문입니다. 그분의 영혼은 끊임없이 그 명령을 받았고 일상생활에서 그것을 실천하셨습니다. 복음으로 말미암아 우리는 예수 그리스도의 삶 안에서 이 진리들의 효과를 봅니다. 살아 활동하시는 예수는 지금도 자기를 사랑하는 사람들의 영혼 안에 사시면서 새로운 이적을 행하십니다.

복음에 따라 생활하기를 원한다면, 자신을 하나님의 행위에 단순하고 완전히 맡겨야 합니다. 예수 그리스도가 그 원천이십니다. 그분은 "어제나 오늘이나 영원토록 동일하십니다"(히 13:8). 그분이 이미 행하신 것은 완성되었고, 앞으로 행하실 것은 매 순간 행해질 것입니다. 모든 성도가 이 거룩한 생명에 동참합니다. 예수 그리스도는 항상 동일한 분이시지만 각 사람의 내면에서는 다릅니다.

각 성도의 삶은 예수 그리스도의 삶입니다. 그것은 새로운 복음입니다. 신랑의 뺨은 향기로운 꽃밭이요, 향기로운 풀 언덕이요(아 5:13), 하나님의 활동은 그것들을 돌보는 정원사입니다. 그것은 모든 정원과는 다른 정원입니다. 그 정원에 있는 한 가지 꽃—자신을 정원사의 손에 맡겨 그가 뜻대로 행하게 하려는 열심—을 제외한 모든 꽃은 각기 다르기 때문입니다. 그들은 자기의 상태에 알맞은 것을 기뻐하며 행합니다. 하나님이 활동하시도록 하고 그분의 요구에 순종하십시오. 그것이 복음이요 모든 성경과 율법입니다.

~ 8 ~
하나님께 자신을 맡기는 것은 단순한 일이지만 그 결과는 놀랍습니다.

이것은 거룩함과 완전함에 이르는 지름길입니다. 이것은 비밀이 아닌 비밀이요 기술이 없는 기술이지만, 위대하고 독특한 자기 포기의 비밀입니다. 하나님은 우리 모두에게 이 자기 포기를 요구하시며, 그것을 분명히 설명해 주셨고, 또 쉽게 파악할 수 있도록 단순하게 만드셨습니다. 우리가 순수한 믿음의 길에 들어가면, 우리에게 복잡한 것이 기대되지 않습니다. 그보다 더 이해하기 쉽고 분명한 것이 있을 수 없습니다. 신비는 하나님이 행하시는 일 안에만 있습니다. 그 예로 성찬을 살펴보십시오. 떡을 거룩한 예수 그리스도의 몸으로 변화시키기는 매우 쉽기 때문에 무지한 사제도 할 수 있습니다. 그러나 그것은 탁월한 신비요, 또 매우 어둡고 은밀하고 불가해한 것이기 때문에 영적으로 많은 조명을 받은 사람이 그것을 이해하려면 더 많은 믿음이 필요합니다.

순수한 믿음의 길도 그와 비슷합니다. 그것은 매 순간 하나님을 발견할 수 있게 해 줍니다. 그보다 더 장엄하고 신비하고 복된 것이 있을 수 없습니다. 그것은 이적들의 집합이요, 생각이나 설교나 글로 구명할 수 없는 이적들의 근원입니다.

그처럼 놀라운 결과를 이루려면 어떻게 해야 합니까? 한 가지만 행하면 됩니다. 삶에서의 우리의 상태에 따라 하나님이 원하시는 대로 행하시게 하는 것입니다. 이것은 영성생활에서 가장 쉬운 일이며 누구나 할 수 있는 일입니다. 그러나 이 길은 매우 놀랍고 어두우므로 이 길을 따라가려면 큰 믿음이 필요합니다. 우리의 이성은 의심이 많고 비판적입니다. 우리는 지금까지 알지 못했고 들어본 적이 없는 것을 믿으라는 기대를 받습니다. 모든 것이 지극히 신기합니다. 유대인들은 선지자들을 거룩하다고 인정하면서도 예수님을 마법사라고 말했습니다. 믿음이 적은 우리도 그들처럼 예수님께 대해 분개합니다. 우리는 하나님이 신실한 영혼의 내면에서 이루시는 놀라운 것을 누릴 자격이 없습니다.

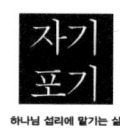

제5장
자기 포기 상태에 동반되는 시련

~ 1 ~

첫째 시련: 사람들의 책망과 정당하지 못한 비판도
지혜롭고 경건한 것이 될 수 있습니다.

자신을 하나님께 맡기는 자기 포기의 길이 가장 안전하고 평탄하고 쉽고 즐겁고 실수와 오류가 적은 길입니다. 우리는 하나님을 사랑하고, 기독교인의 의무를 이행하고, 자주 성찬에 참여하고, 모든 사람에게 구속력이 있는 표면적이고 가시적인 신앙의 행위를 행합니다. 또 윗사람에게 순종하고 정상적인 의무들을 행합니다. 우리는 항상 육과 마귀의 유혹에 저항합니다. 이 길을 걸어가는 사람은 자신이 해야 할 일을 누구보다 더 조심스럽고 빈틈없이 행합니다.

그런데 종종 그러한 사람들이 비난받는 이유는 무엇입니까? 사람들은 그들이 다른 신자들처럼 엄격한 신학자들이 요구하는 일을 행할 때 교회가 요구하지 않는 지루한 의식들을 채택할 것이라고 기대하는데, 그렇게 하지 않으면 그들을 옳지 못하다고 비평합니다. 하나님과 교회의 계명에 복종하는 데 만족하는 신자를 살펴봅시다. 그는 묵상이나 관상을 실천하지 않고, 영적인 책을 읽지 않고, 특별한 헌신에 흥미를 느끼지 않으며, 이 세상 생활에 관련된 일에만 관심을 가집니다. 그를 정죄할 수 있습니까? 그가 옳지 못하다고 의심할 수 있습니까? 물론 그럴 수 없습니다. 우리는 그것을 인정해야 합니다. 그러므로 방금 언급한 신자를 평안히 내버려 두려 한다면, 최소한 일반적인 신자만큼 교훈을 지킬 뿐만 아니라 일반적인 신자는 존재하는 것조차 알지 못하며 혹시 안다고 해도 무관심하게 대처하는 표면적인 경건 행위와 내적인 경건 행위를 행하는 영혼을 괴롭히지 말아야 할 것입니다.

선입견이 지나치면, 그러한 영혼은 교회가 요구하는 것을 모두 행한 후에 은밀하고 친밀한 하나님의 행위에 자신을 복종시키며 행해야 할 다른 본질적인 의무가 없을 때 하나님 은혜의 자극을 따르려 한다고 선언하려 합니다. 간단히 말해서, 그들은 다른 사람들이 여흥과 세상 일에 보내는 시간을 하나님 사랑하는 데 사용하기 때문에 비난받습니다. 이것은 매우 공평하지 못하다는 것은 아무리 강조해도 지나치지 않을 것입니다.

판에 박힌 것처럼 살면서 일 년에 한 번 죄를 고백하는 사람이 있다고 생각해 보십시오. 이따금 좀 더 많이 죄를 고백하기 위해 노력하라고 제안하는 것 외에는 아무도 그에 관해 이야기하지 않고 내버려 둡니다. 그에게 가해지는 압박은 결코 크지 않고, 사람들이 제안하는 것이 그의 의무가 되지는 않습니다. 그러나 만일 그가 습관적인 신자들의 무리를 초월하기로 한다면, 그는 영성생활에 대해 주어지는 충고에 압도될 것입니다. 그는 기존의 영성의 규칙을 따르는데 전념하지 않으면 곤경에 처합니다.

  사람들은 가장 좋지 않은 것을 상상하며, 그의 생활 방식을 불신합니다. 아무리 선하고 유익한 것이라도 이러한 규칙들이 하나님과의 연합으로 이어지는 길에 불과하다는 것을 그들은 깨달아야 합니다. 그들은 이 목표에 도달한 사람이 그 길에 머물기를 원합니까? 그들은 망상에 희생되었다고 생각하는 영혼에 이것을 묻습니다. 이 영혼은 많은 사람처럼 이 길을 출발했습니다. 그가 인정된 모든 관습을 알고 충실하게 따랐지만, 지금 그에게 그러한 관습들에 예속되어 있으라고 강요하려는 것은 적절하지 못할 것입니다. 이는 이 영혼이 이 방법을 사용하여 진보하기 위해 행한 노력에 감동하신 하나님이 오셔서 그를 복된 연합으로 인도해 주시기 때문입니다.

이 영혼은 자기 포기의 분위기가 지배하며 사랑이 하나님을 소유할 수 있는 곳에 도착했으므로, 그리고 지극히 선하신 하나님이 이 모든 방법과 관습 대신에 하나님 자신을 주셨으므로, 그러한 방법과 관습들은 소용이 없습니다. 그것들은 영혼이 과거에 걸어 다녔지만 지금은 떠난 길입니다. 그러한 영혼이 이러한 방법에 돌아와야 한다고 주장하는 것은 영혼이 이미 도달한 목표를 포기하고 다시 그 목표에 이르는 길로 돌아와야 한다고 주장하는 것과 같습니다. 경험 많은 영혼에 그러한 요구를 하는 것은 시간 낭비요 헛수고입니다. 왜냐하면, 그 영혼은 어떤 소란에도 동요하지 않고 모든 소음과 소동에 무관심할 것이기 때문입니다. 그는 그런 것들을 무시하고, 동요됨이 없이 그 사랑의 현현으로 큰 유익을 얻는 친밀한 평화 안에 평안히 머물 것입니다. 이곳이 그가 안식하는 중심지입니다. 달리 표현하자면, 그것은 하나님께서 그으셨고 영혼이 언제든지 따라가야 할 직선입니다. 그 영혼은 꾸준히 그 길을 걸어갈 것이며, 매 순간 그에게 의무가 주어질 것입니다. 의무가 밝혀질 때 주저하거나 당황하지 않고 그것을 행할 것입니다. 이 영혼은 다른 모든 일에 완전한 자유를 누릴 것이며, 은혜의 자극을 의식하는 즉시 순종하며 하나님 섭리의 보살핌에 복종할 각오가 되어 있습니다.

하나님은 자신이 영혼의 주인이며 원하시는 대로 영혼을 지도할 작정이라고 말씀하십니다. 따라서 영혼은 자기의 자유를 억제하는 것을 용납하지 말아야 합니다. 그렇지 않으면, 자기를 지으신 분의 권리를 공격하게 될 것입니다. 하나님의 은혜와 협력하는 것이 아니라 규칙에 따라 자신의 노력으로 살아가는 사람들을 지배하는 규칙의 속박을 받는다고 느끼는 영혼은 장래의 의무를 행하는 데 필요한 많은 일과 결별할 것입니다. 이것을 알지 못하는 사람은 그들의 단순한 태도를 비난합니다. 진심에서 우러나 섭리에 순종하는 것을 제대로 평가하지 못하는 자칭 박식한 사람들은 아무도 비난하지 않는 영혼, 삶의 모든 상태를 인정하며 영적 진보의 다양한 단계를 평가하는 방법을 잘 아는 영혼을 무시합니다.

세상에서 지혜로운 사람은 어느 곳에도 정착하지 못하는 사도들의 끝없는 방황에 공감하지 못하며, 평범한 종교인들은 무슨 일을 하든지 하나님의 섭리를 의지하는 영혼의 생각을 인정하지 못합니다. 그러나 그들을 인정하는 소수의 사람이 있습니다. 피조물을 사용하여 가르치시는 하나님은 그들이 단순하게 신뢰하면서 자신을 포기한 사람들을 만날 것이라고 보장하십니다. 자신을 포기한 사람들은 건전한 지도자들의 도움을 받아 현재의 상태에 도달했기 때문에 다른 사람들만큼 많은 지도가 필요하지 않습니다. 이따금 하나님의 섭리가 죽음에 의해서, 또는 그들을 먼 곳으로 보냄으로 이러한 지도자들을 제거하기 때문에 그들은 홀로 남겨지기도 합니다.

그러나 그들은 기꺼이 지도를 받으려 하며 평안히 하나님의 뜻을 기다립니다. 이따금 이처럼 지도자의 부재를 경험할 때 그들은 전혀 알지 못하지만 신뢰할 수 있다고 여겨지는 사람들을 만납니다. 이것은 하나님께서 이 낯선 사람들을 사용하여 그들을 도우신다는 표식이며, 지도자를 빼앗긴 영혼은 그들에게 충고를 요청하고 그 충고를 따릅니다. 그러나 그런 사람을 만나지 못할 때도 과거의 지도자가 주었던 교훈을 따르기 때문에 건전한 지도가 부족하지 않습니다.

~ 2 ~
두번째 시련: 하나님께서 포기의 상태로 택하신 사람의 무용성과 결점

세상의 시선으로 보면, 이런 사람들은 무익한 허구에 불과하며, 존경이나 보상을 기대할 수 없습니다. 이것은 중요한 지위를 차지하고 있는 사람이 그 지위 때문에 자기 포기의 상태를 획득하지 못한다는 말이 아닙니다. 이 상태는 보편적으로 존경

받는 거룩함과 반대되는 것도 아닙니다. 그러나 이 상태에 있는 많은 영혼은 하나님께만 알려진 자기의 덕을 소유합니다.

그들의 상태는 그들을 거의 모든 외적인 의무에서 자유롭게 해 줍니다. 그들은 세상의 일 또는 생각이나 꾸준한 적용을 요구하는 일에 적합하지 않습니다. 그들은 무익하고, 정신과 몸이 매우 약하며, 창조적인 능력이 없고, 감정이 부족한 것처럼 보입니다. 그들은 어떤 일에도 개입하지 않고, 아무것도 계획하지 않으며, 아무것도 예견하지 않고, 무엇에도 희망을 두지 않습니다. 그들은 매우 미개하고 일반적인 문화와 연구와 생각이 인간에게 주는 자질을 전혀 가지고 있지 않습니다. 그들은 행동하는 방법을 배우기 전의 어린아이와 같습니다. 비록 어린아이의 결점과 같지만 그들의 결점은 우리를 매우 놀라게 합니다. 하나님은 그들에게서 순진함을 제외한 모든 것을 제거하여 그들이 오직 하나님만 소유하게 하십니다.

이것을 알지 못하는 세상 사람들은 겉모습으로만 판단하여 그들에게서 가치 있거나 사랑스러운 것을 발견하지 못하므로 그들을 무시하고 배격합니다. 그들은 모든 사람의 조롱거리입니다. 사람들은 그들을 자세히 관찰할수록 그들을 더 싫어합니다. 아무도 그들의 진가를 알아보지 못합니다. 막연하게나마 그들에게 유리하게 증언하는 것처럼 보이는 것이 있지만, 사람들은 그러한 증언에 주의를 기울이거나 판단을 보류하지 않고 악한 충동에 굴복합니다. 사람들은 예수님의 행동을 싫어한 바리새인들처럼 편견에 사로잡혀 있으므로 그들이 행하는 모든 일을 예리하게 지켜보면서 자신이 보는 모든 것이 어리석거나 죄가 된다고 여깁니다.

~ 3 ~

셋째 시련: 내적 치욕

사람들에게서 멸시받는 이 불쌍한 사람들은 자신을 멸시합니다. 그들은 자신이 행하는 것이나 겪는 모든 것을 하찮고 비열한 것으로 여깁니다. 모든 것은 지극히 통상적입니다. 그들은 영적으로나 정신적으로 괴로움을 당하며, 그들의 일상생활에는 실망스러운 일들이 가득합니다. 그들은 종종 불쾌해하고 많은 관심과 위로가 필요한데, 이것은 존경받는 성인들의 엄격한 가난과 반대가 됩니다. 그들에게서 열심, 위대한 일의 성취, 압도적인 사랑, 과감한 내핍 등을 찾아볼 수 없습니다. 그들은 믿음과 사랑으로 하나님과 연합되었지만 자기의 내면에서 혼동 외에 다른 것은 발견하지 못합니다. 그들은 성인이라고 간주되며 영성생활에서 규칙과 방법에 복종하는 데서 어려움이 없고 또 성품이나 행동에서 정도에서 벗어남을 전혀 보여 주지 않는 사람들과 자신을 비교할 때 더욱 자신을 멸시합니다. 그들은 수치에 사로잡힙니다. 이로 인한 슬픔과 불행 때문에 그들은 탄식하고 눈물을 흘립니다.

  예수님이 하나님인 동시에 인간이셨음을 기억해야 합니다. 그분은 인간으로 죽으셨지만 하나님으로는 영광을 받으셨습니다. 이러한 영혼들은 예수님의 영광과 관계가 없지만, 자신의 비참한 상태라고 여겨지는 것 때문에 매우 번민합니다. 모든 사람이 그들을 평가하는 것은 대략 헤롯과 그의 신하들이 예수님을 평가한 것과 비슷합니다. 이 가련한 영혼들의 감각과 정신은 싫증을 느낍니다. 그들은 무엇에서도 즐거움을 느끼지 못합니다. 또 그들은 무엇인가 전혀 다른 것을 간절히 원하지만 거룩함에 이르는 모든 길은 폐쇄되어 있습니다. 그들이 품고 있는 거룩함의 개념이 끊임없이 괴롭히기 때문에 그들은 이 고통의 떡을 먹으며 무자비한 압박 아래 살아가야 합니다. 그들의 의지는 간절히 원하지만, 그것을 획득하지 못합니다. 그 이유는 무엇입니까? 그들 자신을 죽여 무엇에서도 즐거움이나 만족을 발견하지 않고 오직 하나님만 사랑하게 하기 위해서입니다. 하나님은 하나님만이 그들을 즐겁게 해 주려고 의도적으로 그들을 이 길로 인도하십니다.

자신을 완전히 하나님께 맡긴 이 영혼들은 사람에 애착하거나, 정상적인 갈망과 추구와 활동에 관여할 수 없게 되는 듯합니다. 또 계획을 세우거나, 앞을 내다보거나, 자신의 활동을 위한 조직적인 체계를 조직하지 못합니다. 혹시 그들이 이러한 일을 한다면, 그것은 그들이 여전히 자신이 원하는 대로 자유로이 생활한다는 것을 의미하는데, 그것은 곧 그들의 자기 포기를 부인하는 것이 될 것입니다.

이러한 포기의 상태에서 그들은 자기 자신, 자신의 말과 행동과 생각, 그리고 매 순간을 다루는 방법 등과 관련된 모든 권리를 하나님께 양도합니다. 그들의 의무는 오직 하나입니다: 시선을 주께 고정하고, 그분이 원하시는 것을 경청하고, 그대로 행하는 것입니다. 그들은 주인이 명령할 때 즉시 복종하며 1초도 자기 일을 위해 사용하지 않는 종과 같습니다. 종은 주인을 섬기기 위해서 자기 일을 무시합니다.

우리 자신이 세상에 제공하는 측면에서 오는 치욕 때문에 당황하거나 근심하지 말아야 합니다. 우리는 자신의 겉모습 뒤에 숨어서 우리의 모든 것이 되시는 하나님을 누려야 합니다. 우리 자신의 연약함과 실패, 두려움과 의심을 통해서 유익을 얻어야 합니다. 특별한 음식과 보살핌이 필요한 질병이나 우리를 향한 멸시에서 유익을 얻어야 합니다. 이러한 수단들에 의해서 자신을 우리의 유일한 선으로 주시는 하나님 안에서 행복을 발견해야 합니다.

하나님은 우리가 하나님께 바치는 거처가 다른 영혼들의 존경을 받는 거룩함의 표현이 없는 가난한 것이 되기를 원하십니다. 하나님은 우리의 유일한 양분이 되시고, 우리가 바라는 유일한 것이 되기를 원하십니다. 만일 우리에게 구제, 열심, 내핍, 가난 등의 덕이 있다면, 연약한 우리는 그것을 자랑해야 합니다. 그런데 모든 것이 마음에 들지 않기 때문에, 하나님은 우리의 유일한 지지자이시며 거룩함을 성취하는 유일한 방편이십니다. 세상은 우리를 멸시하면서 우리가 평안히 자신의 부유함을 누리도록 내버려 둡니다. 그러나 하나님은 우리 안에 있는 거룩한 것의 특별한 원인이 되기를 원하시며, 그러므로 우리에게서 나오는 모든 것은 매우 대수롭지 않습니다.

하나님이 보시기에 우리 안에는 대단한 것이 있을 수 없습니다. 단 하나 예외는 그분의 뜻에 대한 절대적인 수용성입니다. 하나님은 우리를 거룩하게 만드는 방법을 아십니다. 그러므로 우리는 모든 것을 하나님께 맡기고 그것에 대해서 더는 생각하지 말아야 합니다. 모든 것이 섭리의 부지런한 돌봄과 작용에 달려 있습니다. 우리는 그것들을 의식하지 못하며, 그것들은 종종 예기치 못하게 불쾌한 방법으로 우리에게 작용합니다. 고요히 자신의 작은 의무를 행하고, 대단한 의무를 기대하지 마십시오. 하나님은 우리의 노력 때문에 자신을 주시는 것이 아닙니다. 우리는 하나님의 은혜와 특별한 섭리에 따라 성인이 될 것입니다. 하나님은 자신이 우리를 얼마나 고귀한 상태로 들어 올리려 하시는지 아십니다. 그러므로 그 일을 하나님께 맡기십시오. 무의미한 영성의 체계를 갈망하지 마십시오. 끊임없이 그분을 사랑하고 그분이 우리를 위해 정해 주신 길을 순종하며 걸어가십시오.

~ 4 ~

넷째 시련: 자아를 포기한 영혼이 처하는 어둠, 그리고 그가 하나님의 뜻을 분명히 대적함

하나님의 뜻만 행하기를 원하면서도 자신이 하나님을 사랑하는지 확신하지 못하는 영혼에 이보다 더 괴로운 일은 없습니다. 그는 과거에는 자신의 완전함을 위한 계획이 어떤 것인지 알게 해 주는 영적 조명을 받았지만, 현재 상태에서는 그것을 알 수 없습니다. 그의 선입견, 그가 느끼는 모든 것과 학습한 모든 것을 거슬러 완전함이 그에게 주어집니다. 그것은 이제 섭리에 따라 보내진 고통, 순간의 의무들, 죄로 인도하지 않는다는 사실 외에는 전혀 유익이 없는 다양한 욕구의 형태로 영혼에 임합니다. 이것은 거룩함의 고귀하고 특별한 영광과는 거리가 먼 것처럼 보입니다.

영혼이 너무 연약하여 십자가를 질 수 없다고 느끼며, 그 의무들을 싫어하고, 평범한 영적 훈련에만 매력을 느끼므로, 가려지고 감추어진 하나님은 알지 못하는 생소한 방법으로 자기 자신과 은혜를 주십니다. 그분이 소유한 거룩함의 이미지는 이 영혼의 천박하고 야비한 본성을 책망합니다. 이 영혼은 성인들의 삶을 다룬 책들에 의해 정죄 되지만 자신을 방어할 것을 전혀 발견하지 못합니다. 그는 빛나는 거룩함을 보지만 그곳에 도착할 힘이 없으며, 이러한 연약함을 하나님이 부과하신 것으로 여기지 않고 비겁함이라고 생각하기 때문에 불행해집니다. 탁월한 공적 때문에 잘 알려져 있으며 고귀한 생각을 품은 사람들은 그를 멸시합니다. 그들은 "정말 이상한 성도야!"라고 말하는데, 이 말을 믿는 불쌍한 영혼은 이러한 책망 때문에 낙심하며, 자신이 이러한 상태를 피하고자 기울인 무익한 노력을 부끄럽게 여기며, 자기 자신이나 다른 사람들에게 만족한 대답을 하지 못합니다.

이런 상태의 영혼은 안내자가 없이 길을 잃은 것처럼 느낍니다. 그는 과거에 힘을 주고 조명해 주던 영적 묵상의 지원을 받지 못하며, 은혜의 작용을 느끼지 못합니다. 그러나 영혼은 이런 상태를 통해서 모든 것을 얻습니다. 같은 은혜가 다른 형태를 취하고 은밀한 자극의 단순함으로 영혼에서 빼앗아갔던 것의 백 배 이상을 돌려줍니다.

영혼이 하나님의 뜻을 보지 못하기 때문에 그것은 치명적인 공격입니다. 하나님의 뜻은 보이지 않게 영혼 뒤에 서서 영혼을 앞으로 밀어냅니다. 따라서 이제 그것은 영혼의 목표가 아니라 눈에 보이지 않는 주요 동기가 됩니다. 경험에 의하면, 이 분명한 상실만큼 하나님의 뜻과의 연합을 강력하게 자극해 주는 것은 없습니다. 영혼은 슬픔이 매우 강력하므로 어디서도 위로를 발견하지 못합니다.

하나님만을 간절히 바라는 영혼에서 하나님을 빼앗아가는 것, 이것은 신비한 사랑입니다. 또 이 방법으로만 영혼 안에 절대적인 믿음과 확고한 소망이 확립되므로 이것은 큰 사랑이기도 합니다. 그러므로 우리는 보지 못하는 것을 믿고 상상만 가능한 것을 바랍니다. 비록 우리는 알지 못하지만, 우리가 주체인 동시에 도구가 되는 이 은밀한 활동으로 우리는 완전에 이릅니다. 우리가 행하는 모든 것은 순수한 우연과 본성적인 성향의 결과처럼 보입니다. 모든 것이 우리를 부끄럽게 합니다. 우리는 실제로 감동하여 말을 할 때면, 자신이 지나치게 인간적인 생각만 말하고 있다고 생각합니다.

 우리는 어떤 영이 우리를 움직이고 있는지 알지 못하고, 분명한 하나님의 감동에 겁을 내며, 우리가 행하거나 느끼는 것들은 자신에 대한 끝없는 경멸로 우리를 채웁니다. 마치 우리의 삶 전체가 결점이 있고 불완전한 것처럼 여겨집니다. 우리는 항상 다른 사람들을 칭찬하고, 자신이 그들보다 매우 열등하다고 느끼며, 그들의 행위 때문에 자신을 부끄럽게 여깁니다. 우리는 자신의 통찰과 생각을 신뢰하지 않고, 사람들의 하찮은 충고도 좋은 것처럼 보이면 지나친 관심을 기울입니다. 하나님은 온갖 고결한 것에서 어느 정도 떨어진 곳에 우리를 두어 큰 치욕 속에 던져 넣으시는 듯합니다. 우리는 이 치욕을 덕이라고 생각하지 않고 하나님의 심판이라고 생각합니다.

 정말 놀라운 것은 하나님께서 실제의 상태를 조명해 주시지 않은 사람들을 대할 때 우리가 고집을 부리고 불순종하고 귀찮게 여기고 멸시하고 화를 낸다는 사실입니다. 우리 자신에 대해서도 이런 식으로 느끼는데, 이것을 치료할 방법이 없는 듯합니다. 우리가 이러한 결점들을 치료하려고 노력할수록 그것들은 점점 더 나빠집니다. 이는 그것들이 하나님 계획의 일부이며, 우리의 자애(自愛)를 죽이고 하나님과의 연합을 준비해 주는 가장 좋은 수단이기 때문입니다.

자기 포기의 상태는 이러한 시련들로부터 가장 큰 장점을 취합니다. 우리가 현재의 의무를 수행할 때 모든 것이 우리를 사랑과 단순한 순종의 길로 이끌어갑니다. 솔직하고 적극적인 믿음을 굳게 붙들고, 은혜가 참여하여 다른 음조와 음색으로 부르는 노래—이 노래는 우리가 미혹되었으며 길을 잃었다고 생각하게 만듭니다—에 합류하려면 큰 사랑과 담대한 믿음이 필요합니다. 우리는 다른 소리를 듣지 않습니다.

만일 우리가 천둥소리와 번개와 폭풍우를 무시하고 용감하게 순간의 의무와 감화에 순종하며 사랑의 길을 꾸준히 걸어간다면, 우리는 고난받으신 예수님, 아버지의 뜻에 절대적으로 복종하면서 아버지를 향한 사랑의 길을 굳건히 걸어가신 예수님을 닮는다고 말할 수 있습니다. 이러한 사랑과 순종 때문에 주님은 자신의 탁월하고 장엄한 거룩함과 반대되는 것처럼 보이는 방식으로 행동하셨습니다.

칠흑같이 어두운 밤에 예수님과 마리아의 마음은 거센 폭풍우가 자기들 위에 넘쳐 흐르도록 내버려 두셨습니다. 그들의 감각은 하나님의 계획과 완전히 반대되는 것처럼 보이는 사건들의 급류에 압도되었지만, 그들은 흔들림이 없이 계속 이 사랑과 순종의 길을 걸어가셨습니다. 그들은 자신이 해야 할 일에 집중하고, 하나님께서 그들에게 행하려 하시는 일을 하시게 했습니다. 그들은 하나님의 활동의 무거운 짐을 지고 그 무게 때문에 신음했지만, 한순간도 비틀거리거나 멈추지 않았습니다. 그들은 계속 하나님의 길을 걸어가고 모든 일을 하나님께 맡기면 모든 것이 잘 될 것이라고 믿었습니다.

~ 5 ~
이러한 시련의 결과및 시련을 겪는 영혼의 행동

이러한 자기 포기의 상태, 이처럼 단순한 믿음의 길에서 영혼과 몸에 발생하는 모든 것, 인생사에서 발생하는 모든 것은 죽음이라는 측면을 지닙니다. 그렇다고 해서 놀랄 필요가 없습니다. 이 상태에서 죽음은 자연스러운 것입니다.

하나님은 영혼을 위한 계획을 품고 계시며 그 계획을 훌륭하게 위장하시면서 성공적으로 그것들을 성취하십니다. "위장"이라는 명사 아래는 불행, 질병, 영적인 연약함 등이 속합니다. 그러나 하나님의 수중에서는 모든 것이 형통하여 유익하게 됩니다. 하나님은 우리의 본성적인 감정을 심각하게 상하게 하는 수단으로서 가장 고귀한 계획을 성취하십니다: "우리가 알거니와 하나님을 사랑하는 자 곧 그의 뜻대로 부르심을 입은 자들에게는 모든 것이 합력하여 선을 이루느니라"(롬 8:28). 하나님은 사망의 그늘에서 생명을 가져오십니다.

또 우리가 인간적으로 연약하여 두려워할 때 모든 것 안에서 선을 보며 모든 것이 최상의 것을 위한 것이라는 사실을 아는 믿음은 용기로 가득합니다. 우리는 하나님의 활동에는 (악한 것을 제외한) 모든 것이 포함되며 하나님이 모든 것을 지시하시고 모든 일을 하신다는 것을 알기 때문에, 믿음의 의무는 하나님의 모든 활동을 경모하고 사랑하고 기쁨으로 받아들입니다. 우리는 기쁨과 확신이 가득하며, 겉으로 드러나 우리를 현혹하는 것을 무시하고 믿음의 승리를 누려야 합니다. 그렇게 함으로써 하나님께 영광을 돌리며 하나님을 하나님으로 대하게 될 것입니다.

믿음으로 사는 것은 즐겁게 사는 것, 의심 때문에 동요하지 않고 매 순간 하나님의 뜻에 따라 당하고 행하는 모든 일을 신뢰하고 확신하며 사는 것입니다. 하나님께서 영혼을 많은 불행과 고생, 큰 곤란과 약함, 많은 방해 등의 거센 물결에 휩쓸려 가게 하시는 것은 이 믿음을 자극하고 유지하기 위해서임을 알아야 합니다. 이 모든 일의 배후에서 하나님을 발견하려면 믿음이 있어야 합니다.

신적인 생명은 보이거나 느껴지지 않지만 한순간도 쉬지 않고 확실한 방법으로 작용하고 있습니다. 그것은 몸의 죽음, 영혼의 저주, 세상사의 전반적인 무질서 아래 감추어져 있습니다. 믿음은 이러한 우연한 사건들을 통해서 양육되고 튼튼해집니다. 그것은 그것들 모두를 헤치고 나아가 하나님의 손을 잡습니다. 하나님은 죄를 제외한 모든 일을 통과하면서도 믿음을 생생하게 보존해 주십니다. 신실한 영혼은 항상 자신감을 가지고 전진하며, 모든 것을 하나님이 취하신 위장으로 여겨야 합니다. 왜냐하면, 하나님께서 직접 나타나시면 우리는 겁에 질릴 것이기 때문입니다.

우리가 느끼는 외로움이 아무리 커도 우리 자신을 하나님께 맡기고 하나님이 행동하시게 한다면, 겸손한 사람을 위로해 주시는 하나님은 아무것도 두려워할 필요가 없다는 내적 확신을 주십니다. 우리는 사랑하는 사람을 잃고 슬퍼하면서도 그를 소유하고 있다고 느끼며, 온갖 불행과 불안에도 불구하고 우리의 내면에는 우리가 견고하게 하나님께 매달리게 해 주는 것이 자리 잡고 있습니다. 야곱은 "여호와께서 과연 여기 계시거늘 내가 알지 못하였도다"(창 28:16)라고 말했습니다.

사랑하는 자여, 하나님은 모든 곳에 계시며, 모든 것이 하나님에 관해 말하고, 모든 것이 하나님을 당신에게 줍니다. 하나님은 당신 곁에서 걸으시고, 당신을 에워싸시며, 당신의 내면에 계십니다. 하나님은 당신과 함께 사시건만, 당신은 그분을 찾으려고 애씁니다. 당신은 이미 참 하나님을 소유하고 있건만, 당신 자신이 생각하는 하나님을 찾고 있습니다. 당신은 완전함을 구하고 있으며, 당신에게 일어나는 모든 일 안에서 그것을 만납니다. 당신이 경험하는 모든 것, 행하는 모든 것, 그리고 당신의 모든 성향은 당신이 헛된 망상을 찾는 동안 하나님께서 자신을 주시기 위해 취하시는 신비들입니다. 하나님은 결코 이러한 상상들을 옷 입고서 당신과 함께 거하러 오시지 않을 것입니다.

마르다는 음식을 준비함으로써 예수님을 기쁘시게 하려고 노력했지만, 마리아는 주님을 영접하고 말씀을 듣는 데 만족했습니다. 그러나 주님은 마리아조차 속이셨고, 부활하신 후에 마리아가 자신이 상상한 모습의 주님을 찾았을 때 주님은 정원지기의 모습으로 나타나셨습니다. 사도들은 예수를 보고 유령이라고 생각했습니다. 하나님이 어떤 모습으로 나타나셔도 우리가 알아볼 수 있는 순수한 믿음에 이르게 하시려고 하나님은 자신을 위장하십니다. 우리가 이러한 하나님의 비밀을 안다면, 하나님이 어떤 모습으로 위장하셔도 소용이 없습니다. 그러므로 우리는 "나의 사랑하는 자는 우리 벽 뒤에 서서 창으로 들여다보며 창살 틈으로 엿보는구나"(아 2:9)라고 말합니다.

오! 거룩한 사랑이여, 당신은 자신을 숨기고, 우리를 시험하고, 우리의 모든 생각과 체계를 실타래처럼 뒤섞어 헝클어 놓으십니다. 우리가 어둠 속에서 비틀거리며 길을 헤매게 하지 마십시오. 전에 우리는 고독의 평화, 기도, 여러 가지 종교 훈련, 고난, 이웃 돕기, 사회적인 일과 사업상의 일을 버리는 것 안에서 당신을 발견했습니다. 우리는 당신을 기쁘게 할 수 있는 모든 것을 행했습니다.

그러나 이제는 전처럼 이러한 일들 안에서 당신을 발견할 수 없습니다. 이러한 실패를 통해서 우리가 당신 자신 안에서 당신을 발견하고, 그 후에 모든 것과 모든 장소 안에서 당신을 발견하기를 바랍니다. 모든 선한 것 안에서, 그리고 모든 피조물 안에서 당신을 보지 못하는 것은 참으로 잘못된 일입니다. 어찌하여 우리는 당신께서 자신을 주시려는 것이 아닌 다른 방법으로 당신을 찾으려 하며, 당신이 자신의 성례를 위해서 택하신 것이 아닌 다른 형태 밑에서 당신을 찾으려 합니까? 겉보기에 설득력이 없는 것처럼 보이는 것에 순종하고 믿을 때 그 공로가 큽니다.

당신은 땅속에 있는 뿌리를 자라게 하고, 나를 에워싼 어둠이 열매를 맺게 할 수 있습니다. 어린뿌리 같은 내 영혼은 당신 안에 감추어져 있을 것이며, 당신의 능력은 그것이 싹을 내고 잎을 내고 꽃을 피우며, 사람들의 영혼에 양분을 주고 기쁘게 해 줄 열매를 맺게 할 것입니다. 그들이 당신의 그늘에 와서 쉬고 기운을 얻으려 할 때, 그들이 소유해야 한다고 생각하시는 것을 주지 말고 그들이 원하는 열매를 주십시오. 은혜로 당신에게 접붙여진 모든 것이 각기 나름의 열매를 맺기를 기원합니다.

당신에게 오는 모든 사람에게 당신이 가진 모든 것을 주십시오. 그러나 당신은 계속 자기 포기와 무관심의 상태에 머무십시오. 당신은 어린 누에와 같습니다. 은혜의 온기가 당신이 자라서 고치를 뚫고 나오게 할 때까지, 위로가 없는 고치의 어둡고 좁은 방 안에 머무십시오. 그때 은혜가 제공하는 잎사귀를 먹되 당신이 잃어버린 평안을 뒤돌아보지 마십시오. 하나님의 뜻이 멈추라고 하면 즉시 멈추십시오. 당신은 교대로 휴식 기간과 활동 기간, 당신이 이해하지 못하는 내면의 변화를 경험할 것입니다. 그리고 과거에 행하던 영성 훈련에 대한 관심을 잃을 것입니다. 당신은 죽어 부활하여 하나님께서 당신을 위해 고안하신 옷을 입을 것입니다.

그러므로 보거나 느낄 수 없는 일이지만 열심히 계속하고, 은밀하게 실을 내십시오. 당신은 당황하고 짜증 내는 것 때문에 자신을 비난할 것이며, 아직 당신이 있는 곳에 도착하지 못하고 죽은 것처럼 누워 있는 동료들을 내심 질투할 것입니다. 당신은 그들을 앞질렀음에도 계속 그들을 사모할 것입니다. 장차 교회와 세상의 왕들, 그리고 무수히 많은 영혼을 치장해 줄 비단 실을 계속 만드십시오. 그런 뒤에 당신에게 무슨 일이 발생할까요? 장차 당신은 어떤 모습으로 나올까요? 영혼들이 아주 다른 모양이 되는 것은 은혜의 기적입니다! 은혜가 그들을 어디로 이끌어 갈지는 아무도 알지 못합니다. 보지 못한 상태에서 자연이 누에를 어떻게 다룰지 누가 추측할 수 있겠습니까? 누에에 필요한 것은 뽕잎이며, 나머지 일은 자연이 합니다.

사랑하는 영혼이여, 당신은 자신이 어디에서 왔으며 어디로 갈 것인지 알지 못합니다. 하나님의 어떤 생각에서 당신이 만들어졌으며, 그것이 당신을 어떤 종말로 이끌어갈 것인지도 알지 못합니다. 그저 수동적으로 자신을 포기하여 하나님께 맡기고, 특별한 영성의 형태나 본보기를 생각하거나 관여하지 말고, 계속 그 상태를 유지하십시오. 행동해야 할 때 행동하고, 멈추어야 할 때 멈추십시오. 당신이 이러한 자기 포기의 상태에서 독서를 하거나 중지하며, 사람들에게 말을 하거나 침묵하고, 글을 쓰거나 중단하면, 그다음에 어떤 일이 일어날지 알지 못합니다. 마지막으로, 여러 차례의 변화를 거쳐 형태를 갖추고 완성된 영혼은 날개를 받아 하늘나라로 올라가면서 다른 영혼 안에서 싹을 낼 씨앗을 세상에 남깁니다.

제6장
자신을 포기하여 하나님께 맡기면 만사가 형통할 것입니다

~ 1 ~

우리는 하나님의 도움을 상실했다고 느끼지만, 하나님은 우리를 도와주십니다.

하나님에게서 오는 모든 메시지가 분명하게 들어 있는 거룩함이 있고, 하나님께서 말씀하시는 모든 것이 그의 보좌를 가리고 있는 깊은 어둠에 둘러싸여 놓이는 조용한 믿음의 상태가 있습니다. 그 안에서 우리가 느끼는 모든 것은 혼란스럽고 어렴풋합니다. 이런 상태에서 우리는 종종 선지자처럼 어둠 속에서 나아가다가 바위에 부딪힐까 염려합니다. 그러나 아무것도 두려워하지 말아야 합니다. 우리는 하나님의 인도로 바른길을 가고 있습니다. 믿음의 어둠보다 더 안전한 것이 없으며, 그것은 우리가 길을 벗어나지 않게 해 줄 것입니다.

그런데도 우리는 이 어둠 속에서 어느 길로 가야 하는지 알기를 원합니다. 어느 길로 가기를 원하든지 그것은 중요하지 않습니다. 길이 없으면 길을 잃지 않습니다. 또 아무것도 볼 수 없으므로 특별한 목적지를 향해 나아갈 수도 없습니다. 우리는 이렇게 말합니다: "모든 것이 두렵습니다. 언제라도 절벽에서 떨어질 것 같습니다. 나는 자기 포기에 필요한 요건에 복종하지만, 내가 행하는 것들은 모두 고결하지 못한 것처럼 보입니다. 모든 덕목이 내가 자기들을 버리고 있다고 불평하는 소리가 들리는 듯합니다. 내가 이러한 불평 소리에 흔들릴수록 나를 통제하는 숨은 힘이 나를 더 먼 곳으로 몰아냅니다. 나는 덕을 사랑하지만 이 힘에 굴복하며, 그것이 신뢰할 수 있는 지도자라고 인식할 수 없음에도 불구하고 그렇다고 믿지 않을 수 없습니다."

영은 빛을 구하지만, 마음은 어둠을 동경합니다. 지적인 사람들의 말이 나의 정신을 매료하지만, 내 마음은 이해할 수 없는 말과 훈계만을 좋아합니다. 나의 존재 전체가 믿음 속에 흠뻑 빠져 있으므로 나는 핵심을 파악할 수 없으며 관상할 때 나의 정신을 혼동되고 비틀거리게 하는 원리와 진리와 방법을 사랑하고 그 진가를 이해합니다. 그런데도 이유를 알 수 없지만 나는 모든 것이 옳다고 확신합니다. 어떤 증거 때문에 확신하는 것이 아니라 믿음이 나를 이해시키기 때문에 확신합니다. 영혼이 옳은 길을 가고 있다는 확신, 적게 인식될수록 위대하며 모든 두려움과 정신적인 추론을 정복하는 확신을 주지 않는 한 하나님은 영혼을 인도할 수 없습니다.

더 좋은 길을 발견하려는 노력이나 지적인 저항은 무익합니다. 신랑은 신부가 만지려 하면 사라지며, 신부는 직접 만져 보지 않고서도 신랑의 존재를 느껴 압니다. 그는 오른손으로 신부를 안습니다(아 2:6). 신부는 인적이 드문 덕의 길로 나아감으로써 안심하려 하기보다는, 근거 없는 것처럼 보이지만 신랑이 인도하는 대로 자신을 맡깁니다.

우리는 자기 포기로 하나님께 나아가야 합니다. 우리의 노력으로는 거룩해질 수 없다는 것을 인정하고 하나님을 신뢰해야 합니다. 하나님은 우리의 걷는 능력을 빼앗아 가신다면, 우리를 자기 팔에 안고 다니실 것입니다. 주님, 직접 걷지 않고 당신의 팔에 안겨 여행하고 있는데, 우리가 보고 느끼고 이해하는 것이 무슨 소용이 있습니까? 우리의 어둠이 짙어질수록, 우리의 신뢰와 믿음은 더욱 깊어질 것입니다.

우리가 깊은 골짜기와 높은 산을 지나고 넓은 사막을 지나가면서 박해와 가뭄, 지옥과 연옥에 대한 환상 때문에 두려워할 때, 그 큰 위험 속에서 안전함을 느끼려면 주님만 바라보아야 합니다. 길과 그 상태에 대해서 잊고, 우리 자신을 잊고, 우리 인도자의 지혜와 선하심과 능력에 자신을 완전히 맡기고, 오직 주님을 사랑하고, 아주 작은 죄도 피하며, 모든 의무를 행할 것만 기억할 것입니다.

사랑하는 분이여, 이것이 당신의 모든 자녀가 행해야 하는 것입니다. 그 외에 모든 것을 당신이 맡으십니다. 이 "모든 것"이 무서운 것일수록, 사람들은 그만큼 더 확실하게 당신의 임재를 경험합니다. 그들은 오로지 당신을 사랑하는 일만 생각하고, 세상에 자기 어머니와 장난감 외에 다른 것이 없는 듯한 태도로 어머니의 무릎에 앉아서 노는 아이처럼 자신의 작은 의무를 행합니다. 영혼은 이 그림자들 너머로 이동해야 합니다.

밤은 활동하는 때가 아니라 휴식하는 때입니다. 이성의 빛은 믿음의 어둠을 더 깊게 만들 뿐입니다. 믿음의 어둠을 꿰뚫을 수 있는 유일한 광선은 어둠의 원천과 같은 원천에서 오는 것이어야 합니다. 즉, 위로부터 오는 것이어야 합니다. 하나님은 이 어둠 속에서 영혼과 교제하실 때 생명으로 오시지만, 길과 진리로서 눈에 보이게 오시지 않습니다(요 14:6).

이 어둠이 지속하는 동안 신부는 신랑을 찾지만(아 3:1), 신랑은 신부의 뒤에서 손으로 잡고 앞으로 밀고 갑니다. 이제 그분은 우리의 생각을 집중해야 하는 대상이 아니라, 모든 것의 원리요 원천입니다. 자기의 능력에 대한 신뢰를 완전히 잃은 영혼을 불행, 근심, 불안, 의심, 궁핍함 등이 괴롭혀도, 그는 하나님의 활동의 감추어지고 알려지지 않는 능력에 극복될 수 있습니다.

우리가 어려운 상황에 부닥칠수록 그만큼 더 기분 좋은 해결책을 바랄 수 있습니다. 마음은 "모든 것이 잘 될 것이다. 모든 것이 하나님의 수중에 있다. 아무것도 두려워할 필요가 없다"라고 말합니다. 우리의 두려움과 외로움은 이 어둠의 찬송에 포함된 시입니다. 우리는 그 찬송이 "아버지께 영광"이라는 말로 끝나는 것을 알고 즐겁게 그 찬송을 한 구절 한 구절 부릅니다. 그러므로 우리가 종잡을 수 없는 길을 따라 걸을 때 어둠이 우리의 안내자 역할을 하며, 의심이 오히려 우리를 안심시켜 줄 것입니다. 이삭이 제물로 바칠 양을 찾지 못해 당황했지만, 아브라함은 확신을 품고 모든 일을 하나님의 섭리에 맡겼습니다 **(창 22:7-8).**

~ 2 ~
영혼에 임하는 고통에는 하나님의 사랑이 배어 있으며 장차 그에게 큰 기쁨을 채워 줄 것입니다.

 빛 가운데 걸어가는 영혼은 빛의 노래를 부르고, 어둠 속을 걸어가는 영혼은 어둠의 찬양을 부릅니다. 그들이 각기 하나님이 주신 가사와 멜로디를 끝까지 부르는 것을 허락해야 합니다. 하나님이 작곡하신 것을 우리가 바꾸지 못합니다. 비록 쓸개처럼 쓰고 우리에게 어떤 영향을 주든지 상관하지 말고, 한 방울 한 방울의 고통을 삼켜야 합니다. 예레미야와 에스겔의 말에는 탄식과 눈물이 배어 있었습니다. 그들은 오직 계속 슬퍼하는 데서 위로를 발견했습니다. 만일 그들이 눈물 흘리며 슬퍼하지 않았다면, 우리는 성경 중 가장 사랑스러운 구절을 소유할 수 없었을 것입니다.

 우리로 고난을 겪게 하는 영만이 우리를 위로할 수 있습니다. 같은 원천에서 각기 다른 물이 나옵니다. 우리는 하나님이 노하신 것 같으면 두려워 떨며, 우리를 위협하시면 겁에 질립니다. 그러나 하나님의 계획안에는 질병도 있지만, 그 치료책도 포함되어 있으므로, 우리는 하나님의 계획이 전개되는 대로 받아들일 수 있습니다.

 사랑하는 영혼이여, 그러므로 울고 두려워 떠십시오. 괴로움 안에 머무십시오. 하나님이 주시는 두려움을 피하지 마십시오. 예수님의 거룩한 영혼을 채웠던 슬픔의 바다에서 흘러나오는 작은 시내를 마음속 깊은 곳에 받아들이십시오. 은혜의 영향 아래서 계속 전진하고 눈물을 흘리십시오. 같은 은혜의 영향이 당신의 눈에서 눈물을 마르게 해 줄 것입니다. 구름이 사라지고 해가 다시 빛날 것이며, 봄이 되어 꽃이 필 것입니다. 그때 당신은 자신을 포기했기 때문에 하나님의 활동이 성취하는 것을 완전히 볼 것입니다. 우리에게 발생하는 모든 일은 꿈과 같으므로 흥분해도 소용이 없습니다. 어렴풋한 심상들이 오고 가며, 꿈은 우리의 잠든 정신 속을 통과하면서 고통과 즐거움을 줍니다. 우리 영혼은 이러한 환영들의 노리개입니다. 그러나 잠에서 깨어나는 즉시 우리는 그것들이 실제로 우리에게 영향을 준 것이 아니었음을 깨닫습니다. 그것들이 준 인상은 곧 사라지며, 우리는 깨어 있는 동안에는 잠자는 동안의 위험이나 즐거움에 주의를 기울이지 않습니다.

주님, 믿음의 밤을 지나는 동안 주께서 잠자는 자녀들을 책임져 주신다고 말할 수 있을까요? 또 무수히 많은 거룩하고 신비한 생각이 그들의 영혼을 관통하여 흐르는 것을 허락하신다고 말할 수 있을까요? 이 밤, 믿음의 잠을 자는 동안 그것들이 큰 두려움과 고민을 초래하지만, 영광의 아침이 되면 주께서 그 고민을 확실하고 참된 기쁨으로 변화시키실 것입니다.

이 영혼들이 잠에서 깨어나 스스로 판단하고 그 판단을 활용할 수 있게 되면, 신랑의 사랑에서 비롯된 술책과 속임수, 능숙함 등을 찬양할 것입니다. 그리고 자기들이 결코 신랑의 방법을 이해할 수 없고, 그분의 수수께끼를 풀 수 없고, 그분의 변장을 간파할 수 없고, 또 그분이 우리에게 두려움이나 놀람을 주려 하시면 위로를 받을 수 없다는 것을 이해할 것입니다. 예레미야와 다윗은 이러한 깨달음을 얻고서, 자신을 깊은 비탄으로 채워 주는 모든 것이 하나님과 그의 천사들에게 큰 기쁨을 준다는 것을 깨달았습니다.

신부를 깨우지 말고 계속 잠자도록 내버려 두십시오(아 3:5). 그녀의 꿈과 두려움은 밤과 잠에서 생겨난 것입니다. 장차 신랑이 이 사랑하는 영혼의 내면에서 활동하면서 자신만이 성취할 수 있는 일을 그에게 행하실 것입니다. 때가 되면 신랑이 신부를 깨울 것입니다. 요셉은 베냐민을 눈물 흘리게 했고, 그의 하인들은 그의 비밀을 누설하지 않았습니다. 요셉은 그를 철저히 속였고, 베냐민과 형들은 희망을 찾지 못하여 매우 슬퍼했습니다. 그러나 요셉이 자신의 정체를 드러냈을 때 모든 것이 바르게 되었습니다. 그들은 분명한 불행과 낙심에서 지금까지 알지 못했던 큰 기쁨을 만들어 낸 요셉의 지혜를 찬양했습니다.

~ 3 ~

하나님은 자기에게 맡겨진 영혼에서 많은 것을 취하는 것처럼 보이지만, 실제로는 그만큼 더 많은 것을 영혼에 주십니다.

우리는 하나님의 활동에 대해 더 많은 것을 알아야 합니다. 하나님은 우리에게서 보고 이해할 수 있는 것들을 가져가시고, 다른 형태로 그것들을 돌려주십니다. 그분은 우리가 원하도록 버려두지 않으십니다. 이는 마치 공개적으로 후하게 친구를 지원해 오던 사람이 갑자기 필요한 것을 공급해 줄 수 없다고 하면서 은밀하게 그에게 필요한 것을 계속 공급해 주는 것과 같습니다. 이 친구는 이 신비한 사랑의 전략을 전혀 알지 못하기 때문에 당황하며 지원을 중단한 사람의 행동을 섭섭하게 생각할 것입니다.

그러나 사태의 진상을 알게 될 때 그의 영혼에 큰 기쁨, 사랑, 감사, 당황, 그리고 놀라움으로 가득할 것입니다. 그리고 이 은인을 더욱 사랑하게 될 것입니다. 이 시련을 통해 친구를 향한 신뢰가 강화되었으므로, 그는 그와 비슷한 일을 당할 때 그를 포용할 것입니다.

여기서 하나의 교훈을 배울 수 있습니다: 하나님과의 관계에서는 우리가 많이 잃은 것처럼 보일수록 그만큼 더 많은 것을 얻고, 하나님께서 자연적인 것을 우리에게서 많이 거두어 가실수록 더 많은 초자연적인 선물을 우리에게 주실 것입니다. 우리는 이러한 선물 때문에 하나님을 약간 사랑하지만, 그러한 선물들을 의식할 수 없을 때는 오직 하나님 때문에 하나님을 사랑합니다. 하나님은 가장 큰 선물, 모든 것을 포함하는 가장 귀한 선물을 주시려고 이러한 선물들을 빼앗아 가시는 듯합니다.

자신을 완전히 하나님께 복종시킨 사람은 모든 것—유능한 영적 지도자를 잃은 것이나 또 자신이 그를 대신할 수 있는 사람인 것처럼 나타내려 하는 사람에 대해 느끼는 불신—을 좋게 해석해야 합니다. 흔히 영혼의 뒤를 따라다니는 자칭 지도자들을 믿지 말아야 합니다. 순수히 하나님의 영에 의해 움직이는 사람들은 그들처럼 열심을 내거나 자만하지 않습니다. 그들은 부름을 받을 때까지 기다리며, 부름을 받아도 주저하면서 앞으로 나옵니다. 그러므로 자기를 포기한 영혼은 이러한 시련을 통과할 때 두려워할 필요가 없습니다. 하나님의 활동과 협력하는 한 그 활동은 온갖 장애에도 불구하고 영혼 안에서 놀라운 일을 이룰 것입니다.

영혼이 건강할 때는 하나님과 영혼이 협력하면 모든 것이 순조롭습니다. 하나님 활동의 성공이 그에게 달려 있지만, 영혼이 신실하지 못하면 하나님의 활동을 망칠 수 있습니다. 하나님의 업적은 멋진 태피스트리의 앞면과 같습니다. 태피스트리를 짜는 사람은 태피스트리의 뒷면만 보면서 바늘로 한 올 한 올을 짭니다. 바느질을 마친 후에 앞에서 보면 멋진 그림이 완성됩니다. 그러나 태피스트리를 짜는 동안에는 그것의 아름다움을 볼 수 없습니다.

  자신을 하나님께 맡긴 영혼도 마찬가지입니다. 그는 하나님과 자신의 의무만 봅니다. 순간순간 그 의무를 행하는 것은 한 땀 한 땀 바느질하는 것과 같습니다. 하나님은 지금은 우리가 희미하게 보며 크고 영원한 날이 되어야 알 수 있는 놀라운 일들을 이러한 바느질로 성취하십니다. 하나님의 방법은 매우 선하고 지혜롭습니다. 거룩함과 완전함을 성취하는 일에서 고귀하고 크고 바람직한 모든 것은 하나님이 능력으로 행하시고, 작고 단순하고 쉬운 일은 우리가 은혜의 도움으로 행하는 것입니다. 뜨거운 사랑을 품고 모든 의무를 행함으로써 쉽게 가장 높은 단계의 완전함에 이를 수 있는 사람은 없습니다.

~ 4 ~
하나님은 자신을 포기한 영혼의 눈을 멀게 하는 듯
하지만 실제로는 안전하게 인도하고 계십니다.

"너희는 거룩하신 자에게서 기름 부음을 받고 모든 것을 아느니라"(요일 2:20)라는 말씀은 특별히 하나님께 완전히 맡겨진 영혼에 적용됩니다. 이러한 영혼들의 마음은 그들에게 하나님이 원하시는 뜻을 말해 줍니다. 그들이 현재의 환경에서 하나님의 뜻을 해석하려면 마음의 자극에 귀를 기울이기만 하면 됩니다. 비록 위장하고 있지만, 하나님의 계획은 우리의 이성보다는 직관을 통해서 드러납니다. 그것은 여러 가지 방법으로 드러납니다: 우연히, 행동의 선택을 용납하지 않는 강압적인 공격으로, 갑작스러운 자극으로, 초자연적인 큰 기쁨으로 우리를 매료시키거나 불쾌하게 만드는 것에 의해서.

피상적으로 판단한다면, 그처럼 중요한 일을 불확실하게 버려 두는 것은 지혜롭지 못한 것처럼 보입니다. 일반적인 기준으로 판단해 보면, 이런 식의 진행 방법 안에는 질서도 없고 분별력도 없습니다. 그런데도 이 분명한 무질서에 순종하는 것은 덕의 정상에 이른 것으로서 여러 해 동안 노력하지 않는 한 우리는 그곳에 도착할 수 없습니다. 이 덕은 다른 것이 섞이지 않은 순수한 덕입니다. 그것은 곧 완전함입니다. 그곳에 도착한 사람은 마치 평생 곡을 연주해 왔으며 음악에 대한 온갖 이론과 기법을 알고 있는 음악가와 같습니다. 그가 생각 없이 연주하는 곡도 완전합니다. 만일 그가 작곡한다면, 그의 작품은 작곡 규칙과 일치할 것입니다. 그 이유는 무엇입니까? 그는 지나치게 문자적으로 해석할 경우 천재성을 속박하는 규칙에 순종하지 않기 때문입니다. 그는 속박받지 않고 작곡하며, 그가 즉흥적으로 작곡한 것은 걸작으로 생각되어야 합니다.

마찬가지로, 오랫동안 완전함을 이루기 위해서 연구하고 일했으며, 은혜와 협력하기 위해서 모든 방법을 사용해온 영혼은 점차 직관적으로 하나님의 소원을 따름으로써 행동하는 습관에 빠집니다. 그러한 영혼은 과거에는 주의 깊은 생각이 필요했지만, 이제는 그러한 생각을 품지 않고서 첫 수확물을 다루는 것이 자신이 할 수 있는 최선의 일이라는 것을 깨닫습니다. 그는 길을 벗어나지 않게 이끌어줄 은혜의 자극을 따라 임의로 행동해야 합니다. 분명한 눈과 지적인 정신을 가지고 지켜보는 사람들이 볼 때 은혜가 행하는 것들은 놀라운 것들입니다. 거기에는 규칙이 없지만 완전한 조직이 있고, 적절한 배열이 없지만 질서가 유지되며, 진지한 생각이 없지만 심오한 결론이 있고, 노력이 없지만 모든 것이 잘 이루어지며, 예견이 없지만 모든 새로운 사건에 신속하게 적응합니다.

종종 영적인 책을 읽을 때 원래 저자들이 꿈꾸지 않았던 의미를 취하기도 합니다. 하나님은 진리를 드러내기 위해서 다른 사람의 말이나 행동을 사용하십니다. 하나님께서 이런 식으로 조명해주려 하신다면, 자신을 하나님께 맡긴 사람은 하나님께서 감화하신 것이 순수히 인간적인 관점에서 바라보면서 상상하는 것보다 훨씬 더 효과적이라는 것을 알고 그것을 충분히 이용해야 합니다.

이렇게 자신을 포기하고 하나님께 맡긴 영혼은 항상 은밀한 생활을 하지만, 지극히 일상적인 것들 및 자연스럽고 우연히 발생한 것처럼 보이는 사건들을 통해서, 정상적인 인간 생활의 일부처럼 보이는 사건들을 통해서 하나님에게서 아주 특별한 선물을 받습니다. 예를 들어, 매우 단순한 설교, 평범한 대화, 그리고 하찮은 책이 하나님의 뜻으로 말미암아 지식과 지혜의 원천이 될 수 있습니다. 그러므로 자기를 포기한 영혼은 교만한 사람들이 짓밟은 부스러기들을 주워 모읍니다. 왜냐하면, 그들에게는 모든 것이 소중하며, 이러한 부스러기들이 그들을 풍요롭게 해 주기 때문입니다. 그들은 모든 것에 철저히 무관심하지만, 아무것도 무시하지 않습니다. 왜냐하면, 그들은 모든 것을 존중하며 그것들로부터 유익한 것을 추출하기 때문입니다.

하나님이 만물 안에 계시므로, 우리가 그것들을 사용하는 것은 피조물을 사용하는 것이 아니라 다양한 통로로 표현된 하나님의 뜻에 순종하는 기쁨입니다. 이러한 통로들은 우리가 거룩하게 되도록 도와줄 힘이 없지만, 하나님의 뜻의 도구로서 하나님의 은혜를 전달할 수 있으며, 종종 의도된 목적과 반대되는 것처럼 보이는 방법이나 수단을 통해서 단순한 영혼에 하나님의 은혜를 전달합니다.

하나님에게는 진흙도 공기처럼 투명합니다. 하나님은 자기의 목적을 위해 특별한 도구를 사용하십니다. 우리의 믿음이 강하다면 우리는 자신에게 부족한 것이 없다고 확신할 것이며, 자신의 진보에 유익을 줄 수 있는 수단이 없다고 불평하지 않을 것입니다. 이러한 수단을 쓰하시는 기술자이신 하나님은 우리에게 필요한 모든 것을 가지고 있다고 보증하십니다. 하나님의 거룩하신 뜻은 우리에게 모든 것을 줍니다.

~ 5 ~

포기되어 하나님께 맡겨진 영혼은 자신을 방어할
수 없는 것처럼 보이지만, 하나님은 온갖 능력을
동원하여 그를 보호해 주십니다.

독특하고 확실한 하나님의 행동은 항상 정확한 시기에 순종하는 영혼에 적용되며, 이 영혼은 즉시 마땅한 반응을 합니다. 그는 지금까지 발생한 모든 것과 지금 발생하고 있는 모든 것을 받아들이며, 악한 것을 제외한 모든 것과 협력합니다. 영혼이 의식적으로 행동할 때가 있고, 무의식중에 본능적으로 말하거나 행동하거나 분명한 이유 없이 어떤 대상을 무시하려 할 때가 있습니다. 종종 그 동기가 되는 힘은 아주 자연스러운 것이며, 단순한 영혼은 거기서 신비한 것을 보지 못한 채 우연, 필요, 또는 편의에 따라 행동합니다. 이 영혼이나 다른 영혼들은 거기서 이상한 것을 전혀 보지 못합니다.

그러나 하나님은 지성이나 지혜나 친구들의 충고를 통해서 이러한 평범한 수단을 쓰십니다. 하나님이 그것들을 도구로 삼아 사용하시므로, 하나님이 택하신 영혼을 향한 원수의 계획은 결코 성공하지 못합니다. 단순한 영혼을 대하는 것은 곧 하나님을 대하는 것입니다. 사람이 전능하신 하나님의 헤아릴 수 없는 방법에 맞서 무슨 일을 할 수 있겠습니까? 하나님께서 단순한 영혼의 주장을 맡으시면, 그 영혼에는 걱정할 것이 없고 두려워해야 할 음모도 없고, 다른 사람을 주의 깊게 지켜보아야 할 필요도 없습니다. 그는 염려에서 해방되어 신랑의 품에서 안전하고 평안하게 쉽니다.

하나님은 인간의 분별에 필요한 것처럼 천하고 교활한 책략에서 우리를 해방하십니다. 그러한 책략들은 헤롯과 바리새인들에게 적합했지만, 동방 박사들은 그저 평화롭게 별을 따라가고 아기 예수는 어머니의 품에서 쉬어야 했습니다. 원수들은 아기 예수에게 해를 끼치지 못하고 오히려 유익을 주었습니다. 그들이 방해하고 함정에 빠뜨리려 할수록 그분은 더욱 자유롭고 평온하게 행동하셨습니다. 그분은 결코 그들의 비위를 맞추지 않으셨고, 그들의 공격이나 질투나 의심을 피하고자 아첨하지 않았습니다.

예수 그리스도는 유대 땅에서 이렇게 생활하셨고, 지금도 단순한 영혼의 내면에서 그렇게 살고 계십니다. 그분은 단순한 영혼에는 관대하고 온유하시며 솔직하고 다정하셨습니다. 그분은 모든 피조물이 아버지의 수중에 있으며 자신을 섬겨야 한다는 것을 알고 계셨으므로 아무도 두려워하지도 않고 아무도 필요로 하지 않으셨습니다. 어떤 사람들은 악한 정념으로 섬기고, 어떤 사람은 거룩한 행동으로 섬기고, 또 어떤 사람들은 기꺼이 순종함으로써 섬깁니다. 그것은 훌륭히 정리되어 있습니다: 부족한 것도 없고 지나친 것도 없습니다. 선과 악이 있어야 할 곳에 있습니다.

하나님의 의지는 매 순간 주어지는 일을 하는 데 필요한 것을 만들어 내시며, 믿음의 가르침을 받는 단순한 영혼은 모든 것을 당연하게 여기며 자신이 가진 것보다 더 많이 원하거나 덜 원하지 않습니다. 그는 앞길을 평탄하게 해 주시는 하나님의 손을 끊임없이 찬양합니다. 예수께서 모든 사람을 하나님의 대리인으로 다루신 것처럼, 그는 친구나 원수를 똑같이 친절하게 영접합니다. 우리는 아무도 필요로 하지 않지만, 또한 모든 사람을 필요로 합니다.

하나님의 뜻은 모든 사물과 모든 사람이 필요한 것이 되게 하시는 것이며, 우리는 하나님이 주시는 모든 것을 있는 그대로 친절하고 겸손하게 받아들여야 합니다. 단순한 사람을 단순하게 대하고, 거칠고 무례한 사람을 친절하게 대해야 합니다. 이것이 사도 바울이 가르친 것입니다. "약한 자들에게 내가 약한 자와 같이 된 것은 약한 자들을 얻고자 함이요 내가 여러 사람에게 여러 모습이 된 것은 아무쪼록 몇 사람이라도 구원하고자 함이니"(고전 9:22). 예수님은 이것을 완벽하게 실천하셨습니다.

영혼이 각 사람의 본성에 대한 상세하고 적절한 이해를 나타내게 해 주는 초자연적인 성품은 은혜만이 줄 수 있습니다. 그것은 책에서 배우는 것이 아닙니다. 특별 계시와 성령의 가르침에서 오는 환상적인 것이 있습니다. 가장 높은 상태의 자기 포기에 도착한 영혼은 그것을 이해할 수 있습니다. 그는 비록 거룩한 것이라도 모든 계획과 모든 일과 관심사에서 철저히 이탈해야 합니다. 영혼이 자신이 처한 환경에서 비롯되는 의무를 성취할 수 있으려면 삶에서 가장 고귀한 일에 집중해야 합니다. 즉 하나님의 뜻에 복종해야 합니다. 성령이 무슨 일을 행하시는지 생각하지 말고 그것을 알지 못하는 상태에 만족하고, 세상에서 발생하는 모든 일이 하나님의 뜻에 순종하는 영혼의 유익을 위한 것이라고 확신하고서 성령이 행하시는 대로 맡겨야 합니다.

~ 6 ~
하나님께 맡겨진 영혼은 원수를 두려워하지 않으며, 오히려 그가 유익한 동맹군임을 발견합니다.

나는 원수가 행하는 일보다 나와 내 친구들이 행하는 것을 더 두려워합니다. 원수에게 저항하지 않고 단순히 자기를 포기하면서 그를 대면하는 것이 가장 지혜로운 일입니다. 그것은 바람을 등에 지고 달리는 것과 같습니다. 세상의 지혜와 대면할 때에 단순함은 항상 승리하며, 그 모든 책략을 이해하거나 의식하지 않고서 쉽게 피합니다. 하나님은 영혼이금 적절한 조처를 하게 하심으로써 영혼을 함정에 빠뜨리려 하는 사람들을 좌절하게 하십니다. 원수들의 노력이 오히려 영혼에 유익이 되며, 영혼을 퇴보하게 하려는 의도를 가진 것이 오히려 영혼의 덕을 증진합니다. 그들의 전략은 마치 힘을 다해서 노를 젓는 노예선의 노예처럼 영혼을 항구로 데려갑니다. 모든 장애물이 영혼에 도움을 주기 때문에, 영혼은 원수들의 재량에 맡김으로써 풍부하고 지속적인 이익을 얻습니다.

그러므로 영혼은 하나님께서 자기의 대리인인 이 원수들과 더불어 행하고자 하시는 일에 합류하거나 참여하지 않도록 조심해야 합니다. 영혼이 해야 할 일은 평안하게 하나님의 행동을 지켜보며 성령에게서 오는 감동을 단순하게 따르는 것입니다. 성령이 모든 일의 참 의미를 알고 계시며 영혼을 적절히 지도하시므로 영혼의 원수들은 필연적으로 멸망합니다.

~ 7 ~

하나님께 맡겨진 영혼은 말이나 행동으로 자신을 정당화하려고 노력할 필요가 없습니다. 그 일은 하나님이 하십니다.

하나님의 뜻은 영혼을 폭풍에서 보호해 주는 크고 단단한 바위입니다. 그 뜻은 시련과 평범한 행동 아래 감추어져 있지만, 항상 우리 곁에 있습니다. 그 그림자 속 깊은 곳에 우리를 지원하여 완전한 자기 포기의 상태로 이끌어 주시는 하나님의 손이 있습니다. 이 고귀한 상태에 도달한 영혼은 자신을 변호하기 위해서 말하거나 행동할 필요가 없으므로, 자신을 비방하는 말을 두려워할 필요가 없습니다. 영혼을 변호하는 것은 하나님의 일이므로, 우리가 그렇게 노력해서는 안 됩니다. 하나님의 역사가 영혼을 충분히 변호해 줄 것입니다. 우리가 할 일은 아무것도 없으며, 하나님 역사의 결과가 드러나도록 내버려 두면 됩니다.

우리가 자기 생각을 의지하지 않는다면, 말로 자신을 변호하려 해서는 안 됩니다. 말은 우리의 생각을 표현할 따름입니다. 그러므로 생각이나 말을 의지하지 마십시오. 그것들이 무슨 소용이 있습니까? 우리의 행동의 이유를 제공합니까? 우리가 행동하는 이유는 우리의 행동의 근원 안에 감추어져 있으며, 우리는 그 근원으로부터 묘사할 수 없고 이해할 수도 없는 영향만 받았기 때문에 그 이유를 알지 못합니다. 그러므로 우리는 결과가 스스로를 증명하도록 해야 합니다. 이 거룩한 사슬 안에 있는 고리들은 깰 수 없으며, 먼저 발생한 것의 의미는 그 뒤에 오는 결과 안에 나타납니다.

이제 영혼은 생각의 세계, 상상의 세계, 끝없는 말의 세계에 살지 않습니다. 이제는 이런 것들이 영혼을 점유하지 않으며, 영혼을 양육하거나 부양하지 않습니다. 영혼은 자신이 어디로 가고 있는지, 또 장차 어디로 갈 것인지 알려 하지 않습니다. 그는 여행의 피곤함과 어려움을 견디는 데 도움을 받기 위해서 자기 생각을 의지하지도 않습니다. 그는 자신의 연약함을 깊이 의식하면서 계속 여행합니다. 걸음을 걸을 때마다 길이 넓어지며, 영혼은 주저하지 않고 앞으로 나아갑니다. 그는 순진하고 단순하고 성실합니다. 그는 이 길을 가는 동안 끊임없이 만나는 하나님을 의지하면서 계명의 곧은 길을 따라갑니다.

~ 8 ~
하나님은 영혼을 죽일 것처럼 보이는 방법으로 자신에게 맡겨진 영혼을 보존하십니다.

하나님이 영혼에 생기를 주시며, 알지 못하는 방법으로 은밀하게 그를 완전함으로 인도하려 하실 때가 있습니다. 그때 영혼 자기 생각, 직관, 일, 탐구, 추론 등은 망상의 근원이 됩니다. 영혼은 여러 번 자기를 인도하려는 노력 때문에 어리석음에 빠지는 경험을 한 후에 그것이 얼마나 무력한 것인지 깨달으며, 하나님께서 자신의 사랑이 흐르는 모든 통로를 감추시고 서로 얽어 놓으셨기 때문에 자신이 하나님 안에서 생명을 찾아야 한다는 것을 발견합니다. 또 영혼은 자신의 무가치함, 그리고 자신에게서 끌어낼 수 있는 것들은 모두 해로운 것이라고 확신하기 때문에, 하나님만을 소유하고 하나님을 통해서 모든 것을 받기 위해서 자신을 하나님께 맡깁니다. 그때 하나님은 영혼에 생명의 근원이 되십니다. 그러나 그것은 영혼이 이룬 일 때문이 아니고, 조명을 통한 것도 아닙니다. 왜냐하면, 이 모든 것은 망상의 근원에 불과하기 때문입니다.

감추어지고 위장되었지만, 하나님의 은혜의 실체와 노력으로 영혼의 새로운 태도가 형성됩니다. 영혼은 하나님의 작용에 대해 전혀 알지 못하지만, 영혼을 죽일 것처럼 생각되는 무수히 많은 사건을 통해서 하나님 활동의 효력을 얻습니다. 이러한 무지와 관련하여 우리가 할 수 있는 일은 참고 견디는 것뿐입니다. 이 무지 안에서 하나님은 자기 자신 및 모든 것을 주십니다.

영혼은 약의 유익함을 알지 못하고서 불평하는 환자나 소경과 비슷합니다. 그는 종종 자신이 약 때문에 죽을 것으로 생각합니다. 약을 먹으면서 몸이 약해지거나 병이 재발하는 것이 그의 두려움을 증명해 주는 것처럼 보입니다. 그러나 비록 거의 죽음에 이른 것처럼 보여도 그는 의사의 처방에 따라 약을 복용하기 때문에 건강을 회복합니다. 물론 입원하여 의사의 치료를 받아야 하는 환자도 있습니다.

그러나 자기를 포기한 영혼이 경험하는 약함과 무기력은 그 것과는 매우 다릅니다. 그것들은 병이 아니므로, 영혼은 그것들을 무시해야 합니다. 영혼이 이렇게 느끼게 하시는 분은 하나님 이십니다. 하나님은 영혼이 믿음의 길에 돌아와 자신을 완전히 하나님께 바치게 하시려고 이렇게 행하십니다. 이 영혼은 하나님이 보내시는 모든 고난을 무시하며 자기의 육체를 쓰러질 때까지 달려야 하는 빌린 말처럼 다루면서 즐겁게 그 길을 가야 합니다. 이것이 우리 자신을 제멋대로 행하게 하며 영적 에너지를 약하게 만드는 것보다 훨씬 유익합니다. 이 에너지는 연약한 몸을 튼튼하게 할 수 있습니다. 고결하고 관대하게 일 년을 사는 것이 하찮은 일들 때문에 걱정하면서 100년을 사는 것보다 가치가 있습니다.

  우리는 항상 하나님의 은혜와 선하신 뜻에 따라 복을 받은 어린아이 같은 태도로 행동해야 합니다. 하나님을 따르는데 세상에서 두려워할 것이 무엇이 있겠습니까? 우리는 하나님의 지원과 인도를 받는 하나님의 자녀로서 두려워하지 않는 태도를 지녀야 합니다. 우리의 여정에서 만나는 무서운 일들은 실제로는 아무것도 아닙니다. 그것들은 하나님이 주신 것이며, 그것들을 극복함으로써 우리의 삶이 더욱 훌륭해집니다. 하나님은 우리를 온갖 종류의 시끄러운 일에 개입시키는데, 우리는 평범한 인간의 상식으로는 거기서 빠져나오는 길을 발견하지 못하기 때문에 자신의 연약함과 부족함을 인식하고 좌절합니다.

그러나 이때 하나님은 완전히 하나님께 속한 사람들에게 영광스럽게 나타나시며, 그들의 내면에서 평화로이 열심히 일하시면서 소설가들보다 더 쉽게 골치 아픈 일에서 주인공인 그들을 풀어 주시고, 위험에서 구해 주시며, 행복하고 성공적인 결말로 데려가십니다. 하나님은 훨씬 훌륭한 솜씨로 그들을 치명적인 위험, 기괴한 사건, 지옥과 마귀와 그 올무를 통과하게 해주십니다. 하나님은 이 영혼들을 하늘로 데려가셔서, 사람들이 상상으로 만들어낸 이야기의 영웅들보다 훨씬 더 기이하고 사랑스러운 영웅으로 변화시키십니다.

그러므로 우리는 눈에 보이지 않는 하나님의 능력의 손이 우리를 인도하고 보존하신다는 것을 알고서 괴물이 출몰하는 위험한 곳으로 돌진해야 합니다. 우리에게 임하는 모든 것이 새로운 승리의 계기가 될 것이므로, 조금도 두려워하지 말고 평안하게 기뻐하면서 끝까지 걸어가야 합니다. 하나님의 깃발 아래 행진하여 나아가 싸워 정복해야 합니다: "나아가서 이기고 또 이기려고 하더라"(계 6:2). 하나님의 명령을 받아 내딛는 발걸음은 승리의 걸음입니다.

하나님은 자기 앞에 있는 책을 펴시고 세상이 끝날 때 끝날

이야기를 기록하십니다. 그것은 하나님이 사람들을 다루신 것에 관한 이야기입니다. 만일 우리가 이 이야기에 포함되기를 원한다면, 우리가 행하고 당하는 모든 것을 하나님의 뜻과 연결해야 합니다. 당신이 행하는 것과 당하는 모든 것은 당신을 죽이기 위한 것이 아닙니다. 그것들은 날마다 내용이 첨가되는 하나님의 거룩한 책을 채우는 데 도움을 줍니다.

~ 9 ~
하나님이 주시는 사랑이 모든 것을 대신합니다

우리가 자신을 하나님께 완전히 바치면, 하나님은 우리에게서 모든 것을 거두어 가시고 그보다 훨씬 좋은 것을 주십니다. 하나님은 우리에게서 힘과 지혜, 그리고 삶을 가치 있게 해 주는 것처럼 보이는 모든 것을 **빼앗아** 가십니다. 그러고 나서 하나님의 사랑을 우리에게 주십니다. 이 사랑은 우리의 내면에서 초자연적인 불처럼 타오릅니다. 자연계의 모든 것은 자기가 필요로 하는 것을 가지고 있습니다. 꽃은 꽃만의 특별한 매력을 가지고 있고, 동물은 정확한 본능을 가지고 있습니다. 모든 피조물은 자신의 생존을 위한 합리성을 가지고 있습니다.

은혜의 세계에서도 동일합니다. 각 사람은 특별한 은혜를 가지고 있는데, 그것은 하나님이 정해 주신 상태를 기꺼이 받아들인 데 대한 상입니다. 영혼은 하나님을 향하는 순간부터 하나님의 영향을 받는데, 이 영향력은 영혼이 자신을 하나님께 맡기는 분량에 따라 변합니다. 자기 포기는 곧 사랑이며, 사랑은 모든 것을 성취합니다. 우리의 사랑이 어찌 거부될 수 있습니까? 어찌 하나님의 사랑이 그 통제 아래 모든 것을 행하는 영혼에 무엇을 거부할 수 있겠습니까? 사랑은 사랑이 바라는 것을 거부할 수 없고, 또 사랑이 거부하는 것을 원할 수도 없습니다.

하나님은 우리의 선한 뜻에만 관계하시며, 우리의 다른 성품들 또는 그것의 부족에는 관심을 두시지 않습니다. 하나님이 우리에게 원하시는 것은 정직하고 솔직하고 단순하고 복종하는 충성스러운 마음입니다. 하나님은 그러한 마음을 발견하시면, 그것을 소유하시고 그 마음의 모든 반응을 통제하시고 사용하십니다. 그런 영혼은 어디서나 거룩함을 향해 전진하는 데서 무한히 귀한 것을 발견합니다. 물론 영혼을 찌르고 죽이는 요소들이 있지만, 선한 뜻이 가득한 영혼은 그러한 요소에 저항할 수 있으며, 실제로 저항합니다. 만일 그러한 영혼이 절벽 끝에 선다면 하나님께서 그를 붙들어 안전한 곳으로 데려가시며, 혹시 그곳에서 떨어져도 그를 안전하게 붙잡아 주실 것입니다.

결국, 그러한 결점들은 인간적인 연약함에 불과하며 그리 눈에 뜨이지 않습니다. 게다가 하나님의 사랑은 영혼이 그것들로부터 유익을 얻게 하십니다. 그것은 감지할 수 없는 세미한 자극으로 영혼을 설득하여 영혼이 처한 환경에 따라 옳은 말을 하고 행동하게 합니다. 이러한 자극은 하나님의 지혜에서 오는 섬광입니다. 즉 영혼이 내딛는 걸음걸음을 비추어 주어 길에서 벗어나지 않게 해 주는 빛입니다.

이러한 영혼이 자신에게 해로울 일을 준비한다고 가정해 보십시오. 그것은 그리 문제가 되지 않습니다. 하나님의 섭리는 그가 상처 입지 않고 거기서 나올 수 있게 해 주십니다. 사람들은 거듭 이러한 영혼을 해치려는 계획을 세우지만, 하나님의 섭리는 그를 도와주시며, 음모를 꾸미는 자가 자신이 만든 함정에 빠지게 하십니다. 이러한 영혼은 하나님의 지도로 어리석은 일을 행하는 것처럼 보이지만 사실은 그렇지 않습니다. 왜냐하면, 이런 일들은 원수들이 그를 위해 계획했던 모든 분쟁에서 그를 해방해 주기 때문입니다.

하나님과 인간 사이에서 이루어지는 선한 뜻의 교환에는 매우 탁월한 것이 있습니다. 순수한 단순성 안에 매우 선한 의미가 있습니다. 그 순진한 자유 안에 탁월한 덕이 있고, 그 성실함 안에 놀라운 비밀이 있습니다! 어린 소년 토비아를 보십시오. 그는 어린아이였지만, 대천사 라파엘이 그의 편에 서서 인도해 주었기 때문에 아무것도 두려워하지 않았고, 필요한 모든 것을 가지고 있었습니다. 그를 공격하는 괴물들도 병든 그를 도와주고 음식을 공급해 주었습니다. 그를 공격하려고 돌진한 괴물이 그의 음식이 되었습니다. 그는 하나님의 명령 때문에 혼인 잔치와 연회에만 관심을 기울였습니다. 그의 관심이 필요한 많은 일이 있었지만, 하나님은 그가 이 잔치에 참석해야 한다고 하셨습니다. 모든 일이 순조롭게 진행되었고, 모든 일이 복되고 순탄했습니다. 그의 어머니는 다시는 아들을 보지 못할 것으로 생각하고서 슬피 울었지만, 아버지의 믿음은 흔들리지 않았습니다. 결국, 아들은 안전하게 집에 돌아와 함께 기쁨을 나누었습니다.

하나님의 사랑에 자신을 완전히 맡긴 사람은 그 사랑 안에 모든 것이 포함되어 있다고 여깁니다. 그 사랑은 마음과 혼을 다하여 갈망하는 사람의 것이 될 것입니다. 하나님이 요구하시는 것은 사랑뿐입니다. 하나님만이 통치하시는 이 나라를 찾는 사람은 그것을 발견할 것입니다. 마음을 완전히 하나님께 바치는 사람의 마음 자체가 보물이요 간절히 바라는 나라입니다. 우리가 하나님을 동경하고 그분의 뜻에 순종하는 즉시 그분 및 그분이 주시는 모든 선물을 누립니다. 우리가 누리는 기쁨은 그분을 갈망하는 분량과 일치합니다. 하나님을 사랑하는 것은 그분 사랑하기를 원하는 것입니다. 우리는 하나님을 사랑하기 때문에 하나님 활동의 도구가 됨으로써 하나님의 사랑이 우리 안에서, 그리고 우리를 통해서 발휘되도록 합니다.

하나님의 활동은 단순하고 거룩한 영혼이 나타내는 기민함과는 관련이 없습니다. 또 하나님은 이 영혼의 계획과 생각, 그가 염두에 두고 있는 일 등에도 관심을 두지 않습니다. 왜냐하면, 영혼은 이 모든 것과 관련하여 잘못되기 쉽지만, 그의 의와 선한 의도는 결코 그를 빗나가게 할 수 없기 때문입니다. 하나님은 선한 의도를 보시면 다른 모든 것을 무시하고, 그 영혼의 선한 뜻이 건전한 근거로 고취된 것인 듯 이루어져야 할 일이 이루어졌다고 간주하십니다.

선한 뜻은 아무것도 두려워할 필요가 없습니다. 혹시 그것이 넘어져도, 길을 벗어날 때마다 이끌어 주시고 지원해 주시는 전능하신 손의 보호 아래서 비틀거릴 것입니다. 이 손은 길을 잘못 든 영혼을 목표를 향하게 해 주며, 그 길을 떠난 영혼을 바른 길로 데려옵니다. 그것은 그릇된 판단으로 오류에 빠진 영혼을 도와주므로, 영혼은 본성적인 직관을 신뢰해서는 안 된다는 것을 깨닫고 하나님의 인도하심에 자신을 철저히 맡깁니다. 선한 영혼이 범하는 잘못이 자기 포기 안에서 해결되며, 선한 심령은 절대 당황하지 않습니다. 왜냐하면 "모든 것이 합력하여 선을 이루기 때문입니다"(롬 8:28).

~ 10 ~
자기를 포기하여 하나님께 맡긴 영혼은 하나님의
뜻에 순종하므로, 하나님의 뜻에 도전하는 교만한
사람들보다 더 큰 통찰력과 힘을 얻습니다.

우리가 하나님의 뜻을 사랑하지 않는다면, 하나님에게서 직접 오는 계시와 심오한 통찰이 무슨 소용이 있겠습니까? 하나님께서 루시퍼에게 성육신의 비밀을 드러내셨을 때 루시퍼는 질투심에 사로잡혔습니다. 그러나 믿음으로만 가르침을 받는 단순한 영혼은 하나님의 뜻이 나타날 때 싫증을 내지 않고 그것을 찬미하고 찬양하고 사랑합니다. 그는 성인들에게서만 아니라 완전한 혼돈과 무질서 속에서도 하나님의 뜻을 발견합니다.

한 알의 순수한 믿음은 루시퍼가 자신의 탁월한 사고력으로 얻은 것보다 더 많은 참 가르침을 단순한 영혼에 줍니다. 성실하게 자신의 의무를 수행하며 은혜의 제안에 만족하고 순종하며 모든 사람을 온유하고 겸손하게 대하는 단순한 영혼은 미지의 것에 대한 가장 심오한 지적 통찰보다 더 가치가 있는 지식을 소유합니다. 만일 우리가 사람들의 행동의 교만과 잔인함 속에서 하나님의 활동을 볼 수 있다면, 우리는 항상 동료들을 친절하고 존경하면서 대할 것입니다. 왜냐하면 그들의 사나움이 우리에게 영향을 미치지 못할 것이기 때문입니다. 그들 안에 결합하여 있으며 우리가 온유하고 겸손할 때 우리에게 계시될 하나님의 활동과의 연합을 단절해서는 안 됩니다. 우리는 그들이 걸어가는 길에 관심을 두지 말고 꾸준히 자신의 길을 걸어가야 합니다.

그 같은 온유한 결심이 큰 향나무를 베고 산을 움직입니다. 신실하고 온유하고 겸손한 영혼의 힘에 누가 저항할 수 있습니까? 이러한 성품들은 원수를 정복하는 데 필요한 무기입니다. 예수 그리스도는 우리가 자신을 방어할 수 있게 하시려고 우리 안에 그러한 성품들을 두셨습니다. 그것들을 사용하는 방법만 알면, 아무것도 두려워할 필요가 없습니다. 비겁하지 않게 담대하게 행동하면, 하나님이 주신 이 무기들을 사용할 수 있을 것입니다.

루시퍼는 누구입니까? 그는 가장 많은 가르침을 받은 빛나는 천사였지만 하나님과 그의 계획을 대적하는 천사입니다. 죄의 비밀은 이 적대감의 결과인데, 그것은 온갖 방법으로 나타납니다. 루시퍼는 하나님이 만들고 다스리시는 모든 것을 전복하기 위해서 자신이 할 수 있는 온갖 일을 행합니다. 그가 기지를 확보하는 곳에서는 하나님의 사역이 손상됩니다.

어떤 사람이 다양한 지식과 사고력을 가졌으면서도 기쁘게 하나님을 섬기고 그분이 원하시는 모든 것을 행하는 것 안에 존재하는 기본적인 경건을 소유하지 못하고 있다면, 우리는 그 사람에 대해서 더 많이 염려해야 합니다. 자비한 마음이 우리를 하나님의 뜻과 결합합니다. 그것이 없는 사람은 본성적인 충동에 따라 행동하며 하나님의 계획을 대적합니다. 엄격히 말하자면, 하나님은 겸손한 사람들만 도구로 사용하십니다. 그러나 하나님은 자신의 계획을 이루기 위해서 하나님께 도전하는 교만한 사람들을 종으로 사용하십니다. 나는 하나님과 그분의 뜻만 생각하는 영혼을 만날 때면 그에게 없는 성품에 관심을 두지 않고, 다만 "이 영혼은 하나님을 섬기는 재능을 가진 영혼이다"라고 외칩니다. 성모 마리아와 요셉이 이런 사람이었습니다. 이 탁월한 덕이 결여된 다른 재능들은 나를 두렵게 만들며, 그것이 루시퍼의 활동이 아닌지 의심하게 합니다. 그러므로 그러한 탁월함을 경계하고 분발합니다.

~ 11 ~

> 하나님께 맡겨진 영혼은 하나님을 대적하는 교만한 영혼 안에서도 하나님을 볼 수 있습니다. 선하든 악하든 모든 피조물이 그에게 하나님을 드러내 줍니다.

단순한 영혼의 삶의 기초 원리는 하나님의 뜻을 행하는 것입니다. 그는 교만한 사람이 자기를 모욕하려고 범하는 악한 행동 안에 있는 하나님의 뜻의 작용을 존중합니다. 교만한 사람은 겸손한 영혼을 무시하고 하찮게 여깁니다. 왜냐하면, 그의 인격과 행동 속에서 하나님을 보기 때문입니다. 교만한 사람은 종종 단순한 사람의 가식 없는 겸손이 자신에 대한 두려움의 표식이라고 생각합니다. 그러나 사실 그것은 하나님과 그분의 뜻을 사랑하고 두려워하는 표식입니다.

불쌍하고 어리석은 사람이여, 단순한 사람은 결코 당신을 두려워하지 않으며, 오히려 당신을 불쌍히 여깁니다. 당신은 그가 당신에게 말을 걸고 있다고 생각하지만, 사실상 그는 하나님께 대답하고 있습니다. 그는 자신이 하나님을 대하고 있다는 것을 알며, 당신을 그분의 종, 또는 그분을 가려 주는 그림자로 여깁니다. 당신이 오만한 어조를 취하면 그는 더 부드러운 음성으로 당신에게 대답할 것이며, 당신이 그를 기습적으로 공격하려 할 때 놀라는 사람은 당신 자신일 것입니다. 그는 당신의 속임수와 난폭함을 하늘에서 오는 은총으로 여깁니다. 교만한 영혼은 단순한 믿음의 가르침을 받는 단순한 영혼이 쉽게 푸는 수수께끼입니다.

매 순간 발생하는 모든 일 안에서 하나님이 활동하신다는 깨달음은 우리가 세상에서 하나님의 일과 관련하여 소유할 수 있는 가장 심오한 지식입니다. 그것은 계속되는 계시, 끝없이 갱신되는 하나님과의 거래입니다. 포도주를 저장하는 지하실이나 포도원에서 비밀리에 신랑을 만나는 것이 아니라, 누구도 두려워하지 않고 공개적으로 자유롭게 만납니다. 그것은 평화요 기쁨이요 사랑이며, 모든 사건 안에 가장 결점이 없는 방법으로 현존하시면서 활동하시는 하나님과 함께 거하는 것을 편안하게 느끼는 것입니다. 그것은 낙원을 미리 맛보는 것입니다. 이 세상에서는 그것을 베일을 통해서 불완전하게 인식하지만, 죽을 때 지속적이고 효과적인 행동으로 삶의 게시판에 있는 모든 조각을 은밀하게 움직이시는 성령께서 "빛이 있으라"라고 말씀하실 것입니다. 그때 우리는 깊은 평화와 하나님에 대한 만족 안에 감추어져 있다고 여기던 모든 보화를 볼 것입니다. 하나님은 항상 우리와 함께 계시며, 무슨 일을 당하든지 우리 편에 서십니다.

하나님께서 이렇게 자신을 주실 때 평범한 것이 특별한 것이 되므로, 부적당한 것이 전혀 없는 것처럼 보입니다. 우리가 걸어가는 길 자체가 매우 특별하므로 외부에서 오는 기적으로 장식할 필요가 없습니다. 그것이 기적이요 꾸준한 기쁨입니다. 그것은 본질에서 우리의 감각을 압도하는 것을 가지고 있지 않지만, 삶의 평범한 일들을 진기하고 놀라운 것으로 변화시킵니다.

~ 12 ~
하나님은 신실한 영혼에 세상과 지옥의 권세를 정복
하고 영광스러운 승리를 거둘 것을 약속하십니다.

세상에서의 하나님의 활동이 신실한 영혼의 공로를 증가시키기 위해서 연약함 속에 감추어져 있지만, 분명히 승리합니다.

세상이 시작된 이후의 역사는 세상의 권세자들과 지옥을 다스리는 자들이 하나님을 사랑하는 겸손한 영혼들을 대적하여 일으킨 전쟁 이야기입니다. 그것은 모든 조건이 교만한 자에게 유리한 것처럼 보이지만 항상 겸손한 사람이 승리하는 싸움입니다. 이 세상의 모습은 금, 은, 동, 철, 흙으로 만든 조각상으로 제시됩니다. 느부갓네살 왕이 꿈에서 본 이 악의 비밀(단 2:24)은 어둠의 자녀들과 인간의 내적인 영성생활을 대적하기 위해 무저갱에서 나온 짐승들의 육체적 활동과 영적인 활동들의 혼합입니다. 그것은 세상이 시작된 이래 계속되어온 전쟁이며, 현재 세상에서 발생하는 모든 것이 이 전쟁의 계속입니다(계 13:1).

괴물들이 잇달아 등장하며 무저갱이 그들을 삼켰다가 계속되는 연기구름 속에 다시 토해 냅니다. 천국에서 미가엘과 루시퍼 사이에 시작된 전쟁이 아직도 계속되고 있습니다. 이 교만하고 질투심이 많은 천사의 마음은 바닥을 알 수 없는 구덩이이며, 거기에서 모든 악이 나옵니다. 그는 하늘의 천사들 사이에서 내란을 시작했는데, 세상 창조 이래 그의 유일한 목표는 자신이 삼킨 군사를 채우기 위해서 부랑자들과 악한 사람들을 징집하는 것이었습니다. 루시퍼는 하나님에게 도전하는 자들의 우두머리입니다. 이 악의 비밀은 하나님의 선한 질서를 뒤집고 마귀의 질서, 즉 무질서로 대신합니다.

이 무질서는 겉보기에는 매력적이지만 그 안에 치료할 수 없는 무한한 악을 감추고 있습니다. 가인에서부터 지금 세상을 삼키고 있는 사람들에게 이르기까지 모든 악인은 위대하고 강력한 군주인 것처럼 보였습니다. 그들은 세상을 놀라게 했고, 사람들은 그들 앞에 절했습니다.

그러나 그들이 세상에 보여 주는 얼굴은 거짓된 것입니다. 왜냐하면, 그들은 하나님의 질서를 전복시키기 위해서 구덩이에서 줄지어 나온 짐승들이기 때문입니다. 그러나 이 질서 — 하나의 신비 — 는 이 괴물들을 죽인 위대하고 강력한 사람들을 만들어 냈습니다. 지금도 지옥은 새로운 괴물들을 토해 내고 있으므로, 하늘은 그것들을 죽이기 위해서 새로운 영웅들을 만들어 냅니다. 거룩한 역사이든 세속의 역사이든 간에, 고대 역사는 모두 이 싸움의 기록입니다. 이 싸움에서는 항상 하나님이 세우신 질서가 승리했고, 하나님과 함께 싸운 사람들은 영원한 행복을 누립니다. 그의 군대에서 도망친 사람들은 그 응보로 영원한 죽음을 받습니다.

악인은 자신을 대적할 사람이 없다고 확신합니다. 하나님, 우리가 어떻게 당신에게 저항할 수 있습니까? 자기를 대적하는 세상과 지옥의 모든 권세를 가지고 있는 어느 고독한 영혼이 자신을 하나님의 질서에 완전히 맡겼다면, 그는 아무것도 두려워할 필요가 없을 것입니다.

머리는 금이요 몸은 은과 동과 철로 이루어진 이 기괴한 악의 형상은 흙으로 된 환영에 불과합니다. 그것은 작은 돌에 의해서도 깨지고 바람에도 날려갑니다(단 2:34).

성령은 피조 세계의 모든 세월 동안 훌륭히 움직여 오셨습니다. 많은 혁명과 소요, 우리 위에 군림하는 많은 위대하고 선한 사람들, 많은 놀라운 사건들, 그것들은 모두 느부갓네살의 꿈과 같아서 아무리 무서워도 잠에서 깨어나면 잊힙니다.

 이 모든 괴물은 하나님 자녀들의 용기를 자극하기 위해서 세상에 들어옵니다. 하나님은 훈련을 마친 자녀들이 괴물을 죽이는 것을 허락하십니다. 하늘은 승리자를 받아들이고 지옥은 패배한 자를 삼킵니다. 다시 새로운 괴물이 등장하고, 하나님은 새로운 용사들을 경기장으로 불러내십니다. 이 세상에서의 삶은 하늘을 즐겁게 하고 성도들을 양육하고 지옥을 뒤죽박죽으로 만드는 경기입니다. 그러므로 하나님의 통치를 대적하는 것은 그 통치를 더욱 찬양받기에 합당하게 해줄 뿐입니다. 정의를 대적하는 원수들은 모두 그의 노예가 되며, 하나님은 파괴된 바빌론의 파편들을 가지고 거룩한 새 예루살렘을 건설하십니다.